Lust auf Land
# Festtagsgerichte

Unser Verlagsprogramm finden Sie unter www.christian-verlag.de

Produktmanagement: Annika Genning
Textredaktion, Satz und Umschlaggestaltung: bookwise medienproduktion GmbH
Korrektur: Jeanette Kiesel

Fotografie: StockFood GmbH, München
Herstellung: Bettina Schippel
Repro: Repro Ludwig, Zell am See

Printed by Korotan, Ljubljana

Die Deutsche Nationalbibliothek verzeichnet diese Publikation in der
Deutschen Nationalbibliografie; detaillierte bibliografische
Daten sind im Internet über
http://dnb.d-nb.de abrufbar.

© 2012, Christian Verlag GmbH, München
1. Auflage 2012

Alle Rechte vorbehalten.

ISBN 978-3-86244-138-9

Alle Angaben in diesem Werk wurden sorgfältig recherchiert und auf den aktuellen Stand gebracht sowie vom Verlag geprüft. Für die Richtigkeit der Angaben kann jedoch keinerlei Haftung übernommen werden. Für Hinweise und Anregungen sind wir jederzeit dankbar.
Bitte richten Sie diese an:

Christian Verlag
Postfach 400209
80702 München
E-Mail: lektorat@verlagshaus.de

Lust auf Land
# Festtagsgerichte

CHRISTIAN

# Inhalt

## 8 Frühling

- 10 Bärlauchsuppe
- 12 Spargel-Spinat-Salat mit Champignons und Kirschtomaten
- 14 Gemüsebratlinge mit Nüssen und Bärlauchcreme
- 16 Frischkäse mit Kräutern
- 17 Feldsalat mit Hähnchenbrust, Orangenfilets und Champignons
- 18 Bunter Spargelsalat mit Ei
- 20 Fischeintopf mit Frühlingsgemüse
- 21 Spargel-Räucherlachs-Terrine
- 22 Blätterteigpastete mit Lachs und Erbsen
- 24 Rötel mit Weißwein-Kräuter-Sauce
- 28 Kaninchenrücken mit Spargel und Kartoffeln
- 30 Gefüllter Schweinerollbraten mit Kräutern und Bratkartoffeln
- 31 Kalbshaxe mit Gemüse
- 32 Schweinekrustenbraten mit Semmelknödeln
- 34 Lammkeule mit Knoblauch
- 36 Hackbraten mit Kräutern
- 37 Gefüllte Hähnchenschnitzel mit Bärlauchcreme
- 38 Rhabarber-Sahne-Torte
- 40 Hefekringel
- 41 Holunderküchlein
- 42 Waldmeister-Apfel-Sorbet mit Apfelwein

## 44 Sommer

- 46 Gurken-Brot-Salat
- 48 Dicke-Bohnen-Salat mit Radieschen
- 50 Handkäse mit Musik und Radieschenquark
- 51 Nuss-Nudel-Salat oder Erbsen-Nudel-Salat
- 52 Eisbergsalat mit Erdbeeren und Schafskäse
- 54 Erbsensuppe mit Gemüsechips
- 55 Wurstsalat mit Zwiebeln
- 56 Blattsalat mit Trauben und Käse
- 58 Gegrillte Lachsspieße auf grünen Bohnen
- 59 Gebratene Forellen mit Trauben-Mandel-Sauce
- 62 Fleisch-Gemüse-Spieße mit Bauernsalat
- 64 Überbackene Schweinemedaillons mit Speck
- 65 Schweinenackensteaks mit Honigmarinade
- 66 Schweinebraten mit Kräuterbouquet
- 68 Wiener Schnitzel mit Kartoffel-Feldsalat
- 70 Kalbsleber im Speckmantel mit Grillgemüse
- 71 Grillspieß vom Rind mit grünem Spargel
- 72 Pfefferfilet vom Rind mit Paprika und Rauke
- 76 Erdbeersorbet
- 78 Holunderauflauf
- 79 Himbeertörtchen
- 80 Käsekuchen mit Sauerkirschen

## 82 Herbst

- 84 Kürbiscremesuppe
- 86 Vier Salate mit Roter Bete, Karotten, Erbsen oder Rotkohl
- 88 Bier-Zwiebel-Suppe mit überbackenen Käsebroten
- 89 Schwammerlknödel
- 90 Gebackener Kürbis
- 92 Glasierte Esskastanien mit Moosbeeren und Thymian
- 93 Herbstlicher Blattsalat mit Pilzen und Käse
- 94 Gebratener Hecht mit Pflaumen
- 96 Schweinefilet im Blätterteig mit Pilzen
- 98 Hirschrücken mit Kastaniensauce
- 100 Kohleintopf mit Wildschweinwurst
- 101 Rehrücken mit Moosbeeren-Blaukraut
- 102 Kalbsrollbraten mit Graupenrisotto
- 104 Tafelspitz mit Spitzkohl, Birnen und Schupfnudeln
- 106 Geschmorte Entenkeulen mit Trockenpflaumen und Äpfeln
- 108 Gefüllte Wachteln auf Kohl
- 109 Gefülltes Perlhuhn mit Kartoffeln
- 112 Apfelstrudel
- 114 Pochierte Birnen
- 115 Buchteln mit Portweinquitten
- 116 Apfeltörtchen
- 118 Pflaumenkuchen

120 *Winter*

- 122 Kohlsalat mit Äpfeln, Orangen und Nüssen
- 124 Wintercaprese – Mozzarella mit Roter Bete
- 125 Wurzelgemüse mit Honig und Thymian
- 126 Germkücherl mit Sauerkraut und Speck
- 128 Cremige Maissuppe
- 129 Ochsenschwanzsuppe mit Perlgraupen
- 130 Rindfleischeintopf mit Kräuterknödeln
- 132 Hackbraten im Wirsingmantel
- 133 Rinderrouladen mit Nussfüllung
- 136 Rinderschmorbraten mit Glühweinsauce
- 138 Schweinerollbraten mit Nussfüllung
- 140 Schinkenbraten mit Rosenkohl
- 141 Fleischpastete mit Nüssen
- 142 Gänsekeulen mit Kartoffelknödeln und Apfel-Pflaumen-Sauce
- 144 Wildente auf Herbstgemüse
- 145 Hähnchen in Rotwein
- 148 Kaiserschmarren
- 150 Schoko-Schweinsöhrchen
- 152 Honigkuchen
- 154 Bratäpfel mit Nussfüllung
- 155 Crème brûlée
- 156 Mandelstollen

158 *Für Gäste*

- 160 Belegte Brote mit Entenbrust und Äpfeln
- 162 Berner Hacktäschli
- 163 Flammenkuchen mit Speck und Zwiebeln
- 164 Kartoffelsalat mit Radieschen und Weißwurst
- 166 Ziegenfrischkäse und Kressequark
- 167 Eiersalat mit Pilzen in Eierschalen
- 168 Käsebaguette mit Rhabarberchutney
- 170 Bauernbratlinge
- 174 Blätterteigtaschen mit Hackfleischfüllung
- 175 Lachs-Spinat-Rouladen mit Weißweinsauce
- 176 Krapfen mit Puderzucker
- 178 Windbeutel mit Sahne und Stachelbeeren
- 179 Süße und pikante Schnecken

# *Vorwort*

Grund zu feiern gibt es das ganze Jahr über immer wieder. Zu einem solchen Festtag gehört natürlich auch ein Schlemmermenü, bei dem die ganze Familie und alle Freunde zusammenkommen.

Werden Sie zum perfekten Gastgeber und verwöhnen Sie Ihre Gäste durch das Jahr mit raffinierten selbst gemachten Vorspeisen, großartigen Braten-, Fisch- oder Gemüsegerichten und süßen Desserts, Kuchen und Gebäckspezialitäten, die ein Festmahl wunderbar abrunden.

Im Frühling lassen frische Kräuter wie Bärlauch, Petersilie und Kerbel und beliebtes Saisongemüse wie Spargel und Rhabarber den kalten, düsteren Winter vergessen. Verarbeitet zu köstlichen Gerichten wie Bärlauchsuppe oder Spinatsalat kommt der Frühling nicht nur zu Ostern auf den Tisch.

Heiße Temperaturen im Sommer locken Groß und Klein nach draußen – die perfekte Zeit für leichte, frische Gerichte und echten Grillgenuss. Mit Gurken-Brot-Salat, gegrillten Lachsspießen, Grillgemüse und fruchtigem Erdbeersorbet wird ein Sommerabend mit Freunden oder Familie zum Fest.

Kommt der Herbst, bietet sich uns eine reiche Ernte: Kürbis, Esskastanien, Pilze, Äpfel, Birnen, Pflaumen ... Kombiniert mit Wild und anderem Fleisch werden diese Früchte zum idealen Begleiter. Ein Hirschrücken mit Kastaniensauce oder ein Schweinefilet im Blätterteig mit Pilzen, danach ein Apfelstrudel, und die Gäste werden begeistert sein.

Wenn im Winter die Tage wieder kürzer sind und draußen eisige Temperaturen herrschen, kommen wir gern bei deftigen Gerichten zusammen: Rinderrouladen, Schmorbraten, Gans oder Ente, serviert mit Lagergemüse, wie Weiß- oder Rotkohl, Karotten, Sellerie oder Rote Bete, liefern die nötige Energie für die kalte Jahreszeit. Und mit selbst gebackenem Honigkuchen oder Mandelstollen können Sie kalte Winterabende versüßen.

Für einen netten Abend mit Freunden, ein Picknick im Grünen oder eine Gartenparty sind Eiersalat, Käsebaguette mit Rhabarberchutney, Hacktäschli oder Zimtschnecken genau das Richtige für Ihre Gäste.

Wir wünschen Ihnen viel Freude beim Nachkochen!

# Frühling

# Bärlauchsuppe

**ZUTATEN FÜR 4 PERSONEN**

150–200 g Bärlauch
1 Schalotte
1 EL Olivenöl
600 ml Gemüsebrühe
200 ml Sahne
Salz
frisch gemahlener Pfeffer
Bärlauchblüten (zum Garnieren)

ZUBEREITUNGSZEIT: 20 MINUTEN
GARZEIT: 15 MINUTEN

1 Den Bärlauch waschen, trocken tupfen und in feine Streifen schneiden. Die Schalotte schälen und fein würfeln.

2 Das Öl in einem Topf erhitzen und die Schalotte darin glasig anschwitzen. Den Bärlauch dazugeben, 2 Esslöffel davon für die Garnitur beiseitelegen. Die Brühe angießen und alles 5 Minuten köcheln lassen.

3 Den Bärlauch mit einem Pürierstab pürieren, dann die Sahne einrühren. Die Suppe noch einmal aufkochen lassen und mit Salz und Pfeffer abschmecken. Die Bärlauchsuppe auf Suppenschälchen verteilen, mit den restlichen Bärlauchstreifen sowie einigen Bärlauchblüten bestreuen und sofort servieren.

# Spargel-Spinat-Salat
## mit Champignons und Kirschtomaten

ZUTATEN FÜR 4 PERSONEN

**Für den Salat:**
500 g weißer Spargel
Salz
½ Zitrone
1 TL Butter
125 g frischer junger Spinat
100 g große Champignons
250 g Kirschtomaten

**Für die Vinaigrette:**
1 kleine Zwiebel
1 unbehandelte Limette
2 EL Weißweinessig
rosa Pfeffer, grob zerstoßen
Salz
4–6 EL Pflanzenöl
Weißbrot, geröstet
(zum Servieren)

ZUBEREITUNGSZEIT: 20 MINUTEN
GARZEIT: 15 MINUTEN

1 Den Spargel gründlich schälen, die holzigen Enden abtrennen und die Stangen in 3–4 cm lange Stücke schneiden. In einem großen Topf reichlich Salzwasser zum Kochen bringen. Die Zitrone auspressen. Den Zitronensaft und die Butter in das Salzwasser geben. Den Spargel im Salzwasser 15–20 Minuten bissfest garen, anschließend mit einem Schaumlöffel aus dem Sud herausheben und abtropfen lassen. Den Spargelsud nach Belieben für andere Gerichte oder zum Trinken aufbewahren.

2 Den Spinat verlesen, waschen und trocken tupfen. Die Champignons mit Küchenpapier säubern und in dünne Scheiben schneiden. Die Tomaten waschen und halbieren.

3 Für die Vinaigrette die Zwiebel schälen, in feine Würfel schneiden und die Zwiebelwürfel in eine Schüssel geben. Die Limette waschen, abtrocknen und die Schale fein abreiben. Den Saft auspressen und zur Zwiebel geben. Den Essig, Pfeffer, Salz und das Öl zugeben und gut miteinander verquirlen. Nach Belieben 1–2 Esslöffel Spargelsud dazugeben.

4 Den Spargel in Stücke schneiden und mit den Champignons, den Tomaten und dem Spinat in eine große Salatschüssel geben. Die Vinaigrette darübergießen und alles vorsichtig vermengen. Den Salat auf Teller verteilen und mit geröstetem Weißbrot servieren.

# Gemüsebratlinge
## mit Nüssen und Bärlauchcreme

**ZUTATEN FÜR 4 PERSONEN**

**Für die Gemüsebratlinge:**

200 g Zucchini

200 g Karotten

600 g vorwiegend festkochende Kartoffeln

2 Eier

50 g gehackte Haselnüsse

2–4 EL Mehl

Salz

frisch gemahlener Pfeffer

frisch geriebene Muskatnuss

Rapsöl (zum Braten)

**Für die Bärlauchcreme:**

300 g Schmand

1–2 TL Zitronensaft

1 Prise Zucker

Salz

frisch gemahlener Pfeffer

4 EL fein gehackter Bärlauch

ZUBEREITUNGSZEIT: 45 MINUTEN
GARZEIT: 20 MINUTEN

1 Die Zucchini putzen und waschen. Die Karotten schälen. Beides grob raspeln. Die Kartoffeln schälen, fein reiben und in einem sauberen Geschirrtuch oder in einem Sieb ausdrücken. Die Zucchini, die Karotten und die Kartoffeln mit den Eiern, den Nüssen und dem Mehl vermengen. Den Teig mit Salz, Pfeffer und Muskat würzen.

2 Reichlich Öl in einer gusseisernen oder beschichteten Pfanne erhitzen. Dann jeweils 1–2 Esslöffel Teig hineinsetzen und flach drücken. Die Bratlinge von beiden Seiten goldbraun braten.

3 Für die Bärlauchcreme den Schmand mit etwas Zitronensaft, Zucker, Salz, Pfeffer und dem Bärlauch verrühren. Die Creme nach Belieben nochmals abschmecken.

4 Die Bratlinge auf Küchenpapier abtropfen lassen und sofort mit der Bärlauchcreme anrichten und servieren.

### TIPP

Reichen Sie die Gemüsebratlinge als Vorspeise oder Beilage. Für kleinere Kinder sind die knusprigen Bratlinge ein einfaches und „cooles" Hauptgericht.

# Frischkäse
## mit Kräutern

1 Den Frischkäse mit dem Zitronensaft und der Sahne glatt rühren. Ist der Frischkäse nicht cremig genug, noch etwas Sahne einrühren. Den Frischkäse mit Salz und Pfeffer abschmecken und auf Tellern anrichten.

2 Die Kräuter verlesen, waschen, trocken tupfen und zwei Drittel davon fein hacken.

3 Das Brot in Streifen schneiden und in einer heißen Pfanne ohne Fett goldbraun rösten. Die Brotstreifen herausnehmen und abkühlen lassen.

4 Den Frischkäse mit den restlichen Kräutern garnieren und mit Olivenöl beträufeln. Den Käse nach Belieben mit Pfeffer übermahlen und mit den Graubrotstreifen servieren.

ZUTATEN FÜR 4 PERSONEN

500 g Frischkäse (natur)

Saft von ½ unbehandelten Zitrone

2 EL Sahne

Salz

frisch gemahlener Pfeffer

1 Bund gemischte Kräuter (z. B. Petersilie, Rauke, Schnittlauch, Kerbel, Basilikum)

4 Scheiben Graubrot

Olivenöl (zum Beträufeln)

ZUBEREITUNGSZEIT: 15 MINUTEN

# *Feldsalat* mit Hähnchenbrust, Orangenfilets und Champignons

1 Den Feldsalat verlesen, putzen, waschen und trocken schleudern. Die Pilze mit Küchenpapier säubern und in dünne Scheiben schneiden.

2 Die Orangen schälen, dabei auch die weiße Haut entfernen. Die Fruchtfilets aus den Trennwänden lösen, den dabei austretenden Saft auffangen.

3 Das Hähnchenbrustfilet waschen, trocken tupfen und in Streifen schneiden. Das Öl in einer Pfanne erhitzen und das Fleisch darin rundherum braun anbraten. Die Fleischstreifen mit Salz und Pfeffer würzen, dann leicht abkühlen lassen.

4 Den Joghurt mit je 1 Esslöffel Orangen- und Zitronensaft mischen, anschließend mit Salz, Pfeffer und Zucker abschmecken.

5 Den Feldsalat mit den Orangenfilets, den Champignons sowie den Hähnchenstreifen auf Tellern anrichten, mit dem Dressing beträufeln und servieren.

ZUTATEN FÜR 4 PERSONEN

**Für den Salat:**

250 g Feldsalat

150 g frische Champignons

2 unbehandelte Orangen

500 g Hähnchenbrustfilet, küchenfertig und ohne Haut

2 EL Pflanzenöl

Salz · frisch gemahlener Pfeffer

**Für das Dressing:**

250 g Naturjoghurt

1 EL Zitronensaft

Salz · frisch gemahlener Pfeffer

Zucker (nach Belieben)

ZUBEREITUNGSZEIT: 20 MINUTEN

# Bunter Spargelsalat
## mit Ei

**ZUTATEN FÜR 4 PERSONEN**

**Für den Salat:**

400 g grüner Spargel

400 g weißer Spargel

Salz

Zucker

150 g gemischter Salat
(z. B. Sauerampfer, Kopfsalat,
Salatherzen, Lollo Rosso)

2 Eier, hart gekocht

4 Frühlingszwiebeln

1 rote Paprikaschote

**Für die Vinaigrette:**

2 EL Zitronensaft

4 EL Rapsöl

Salz

frisch gemahlener Pfeffer

1 Prise Zucker

Baguette, geröstet
(nach Belieben zum Servieren)

ZUBEREITUNGSZEIT: 25 MINUTEN
GARZEIT: 10–15 MINUTEN

1 Das untere Drittel des grünen Spargels schälen, den weißen Spargel komplett schälen. Die holzigen Enden bei beiden Sorten abschneiden. In einem großen Topf Salzwasser zum Kochen bringen, 1 Prise Zucker dazugeben und die Spargelstangen darin je nach Dicke 10–15 Minuten bissfest garen. Den Spargel herausnehmen, mit kaltem Wasser abschrecken, abtropfen lassen und in etwa 4 cm lange Stücke schneiden.

2 Die verschiedenen Salatblätter putzen, waschen, trocken schleudern und bei Bedarf klein zupfen. Die Eier pellen und hacken. Die Frühlingszwiebeln putzen, waschen und in Ringe schneiden.

3 Die Paprikaschote halbieren, Samen und Scheidewände entfernen, waschen und das Fruchtfleisch in kleine Stücke schneiden.

4 Für die Vinaigrette den Zitronensaft mit dem Öl, Salz und Pfeffer verrühren und mit 1 Prise Zucker abschmecken.

5 Die Paprikastücke mit dem Spargel, den Frühlingszwiebeln und den Salatblättern in einer großen Schüssel mischen, mit der Vinaigrette beträufeln und mit den gehackten Eiern bestreuen. Nach Belieben mit geröstetem Baguette servieren.

# Fischeintopf
## mit Frühlingsgemüse

1 Die Kabeljaufilets waschen, trocken tupfen und in mundgerechte Stücke schneiden. Den Fisch mit Salz und Pfeffer würzen, dann mit Zitronensaft beträufeln.

2 Die Karotten, die Kohlrabi sowie die Kartoffeln putzen, schälen und alles ebenfalls in mundgerechte Stücke schneiden. Die Zuckerschoten putzen, waschen und die Enden abschneiden.

3 Die Butter in einem Topf erhitzen. Das Gemüse darin anschwitzen. Den Fischfond und etwa 500 ml Wasser dazugießen, aufkochen lassen und den Eintopf etwa 10 Minuten zugedeckt köcheln. Anschließend mit Salz und Pfeffer abschmecken.

4 Die Fischstücke zum Eintopf geben und etwa 4 Minuten gar ziehen lassen. Den Kerbel waschen, trocken tupfen und grob hacken. Den Fischeintopf in tiefen Tellern anrichten und mit Kerbel bestreut servieren.

### ZUTATEN FÜR 4 PERSONEN

600 g Kabeljaufilets, küchenfertig und ohne Haut

Salz

frisch gemahlener Pfeffer

1 EL Zitronensaft

4 Karotten

2 Kohlrabi (à 200 g)

250 g festkochende Kartoffeln

100 g Zuckerschoten

1 EL Butter

400 ml Fischfond

1 Bund Kerbel

ZUBEREITUNGSZEIT: 30 MINUTEN
GARZEIT: 20 MINUTEN

# Spargel-Räucherlachs-Terrine

1 Das untere Drittel der Spargelstangen schälen, die holzigen Enden abschneiden. In einem großen Topf Salzwasser zum Kochen bringen, 1 Prise Zucker dazugeben und den Spargel darin etwa 12 Minuten garen. Den Spargel abgießen, mit kaltem Wasser abschrecken und gut abtropfen lassen, dann 2–3 Stangen zum Garnieren beiseitelegen.

2 Eine Kastenform mit Frischhaltefolie auskleiden und den Rand sowie den Boden mit etwa einem Drittel der Räucherlachsscheiben auslegen. Von den übrigen Lachsscheiben 3–4 Scheiben beiseitelegen, um damit die Terrine am Schluss zu bedecken. Den restlichen Lachs in Streifen schneiden.

3 Die Gelatine 10 Minuten in kaltem Wasser einweichen. Den Frischkäse mit dem Meerrettich und dem Zitronensaft glatt rühren.

4 Die gut ausgedrückte Gelatine mit dem Wermut in einem kleinen Topf bei geringer Hitze erwärmen und schmelzen lassen. Etwa 2 Esslöffel Frischkäsecreme unterrühren und die Gelatine anschließend in die Creme rühren. Die Sahne steif schlagen und unterziehen. Die Masse mit Salz und weißem Pfeffer abschmecken. Anschließend die Lachsstreifen unter die Creme mischen.

5 Ein Drittel der Frischkäsemasse in die Form streichen, dann 3 Reihen Spargel daraufllegen und mit einem weiteren Drittel der Frischkäsemasse bedecken. Diesmal 4 Reihen Spargel daraufllegen und mit der übrigen Masse bedecken. Mit den restlichen Lachsscheiben abschließen. Die Terrine mit Frischhaltefolie abdecken und 3 Stunden kühl stellen.

6 Die Terrine aus dem Kühlschrank nehmen und auf eine Platte stürzen. Die Folie entfernen und die Terrine in Scheiben schneiden. Die Räucherlachsterrine mit Schnittlauchröllchen und dem beiseitegestellten Spargel garnieren und servieren.

ZUTATEN FÜR 4 PERSONEN
(1 KASTENFORM, ETWA 1,5 LITER INHALT)

300 g grüner Spargel

Salz

Zucker

550 g Räucherlachs, in Scheiben

8 Blatt weiße Gelatine

750 g Frischkäse (natur)

2 EL Meerrettich (aus dem Glas)

2 EL Zitronensaft

2 cl Wermut

200 ml Sahne

frisch gemahlener weißer Pfeffer

Schnittlauchröllchen (zum Garnieren)

ZUBEREITUNGSZEIT: 40 MINUTEN
KÜHLZEIT: 3 STUNDEN
GARZEIT: 12 MINUTEN

# Blätterteigpastete
## mit Lachs und Erbsen

**ZUTATEN FÜR 4 PERSONEN**

600 g Lachsfilet, küchenfertig und ohne Haut
Salz
frisch gemahlener Pfeffer
2 EL Pflanzenöl
300 g TK-Blätterteig
1 rote Paprikaschote
2 Frühlingszwiebeln
250 g frische Erbsen
2 EL Olivenöl
Saft von 1 unbehandelten Zitrone
1 Ei

ZUBEREITUNGSZEIT: 30 MINUTEN
GARZEIT: 30 MINUTEN

1 Den Backofen auf 200 °C (Ober- und Unterhitze) vorheizen.

2 Das Lachsfilet waschen, trocken tupfen, in grobe Stücke schneiden und mit Salz und Pfeffer würzen. Das Öl in einer Pfanne erhitzen und die Fischstücke darin bei mittlerer Hitze rundherum kurz anbraten. Die Temperatur reduzieren und den Lachs unter gelegentlichem Wenden gar ziehen lassen. Die Fischstücke herausnehmen, abkühlen lassen und mit einem Messer oder im Mixer grob hacken.

3 Die Blätterteigplatten nebeneinanderlegen und auftauen lassen.

4 Die Paprika halbieren, Samen sowie Scheidewände entfernen, waschen und in sehr kleine Würfel schneiden. Die Frühlingszwiebeln putzen, waschen und in feine Ringe schneiden.

5 Die Erbsen verlesen, waschen und in kochendem Salzwasser 3–4 Minuten blanchieren. Die Erbsen abgießen, mit kaltem Wasser abschrecken und gut abtropfen lassen.

6 In einer Pfanne das Olivenöl erhitzen und die Frühlingszwiebeln mit der Paprika und den Erbsen kurz anschwitzen. Das Gemüse mit Salz und Pfeffer würzen und die Pfanne vom Herd nehmen.

7 Die Blätterteigplatten übereinanderlegen und zu einem 0,5 cm dünnen Rechteck ausrollen. Den Lachs darauf verteilen, dabei auf jeder Seite einen 1 cm breiten Rand frei lassen. Das Gemüse in der Mitte als Strang auf dem Lachs verteilen und alles mit Zitronensaft beträufeln.

8 Das Ei trennen und das Eiweiß leicht aufschlagen. Die Ränder des Blätterteigs mit dem Eiweiß bestreichen. Eine Hälfte des Blätterteigs längs über die Füllung schlagen und die Ränder auf der anderen Seite und die kurzen Enden fest zusammendrücken.

9 Die Pastete auf ein mit Backpapier belegtes Backblech legen. Nach Belieben aus Blätterteigresten kleine Sterne ausstechen und die Pastete damit verzieren. Den Blätterteig außen mit Eigelb bestreichen. Die Pastete im vorgeheizten Ofen 20–25 Minuten goldgelb backen, herausnehmen, kurz ruhen lassen und in Scheiben geschnitten servieren.

# *Rötel*
## mit Weißwein-Kräuter-Sauce

**ZUTATEN FÜR 4 PERSONEN**

8 Röteln (Rotfedern; oder anderer weißfleischiger Süßwasserfisch), küchenfertig

Salz

4 Zweige Zitronenthymian

4 Zweige Dill

Butter (für die Form und die Folie)

3 Schalotten

1 EL Pflanzenöl

250 ml trockener Weißwein

100 ml Sahne

2 EL Crème fraîche

2 EL frisch gehackte Kräuter (z. B. Thymian, Majoran, Kerbel, Salbei)

frisch gemahlener Pfeffer

frische Kräuterblättchen (zum Garnieren)

ZUBEREITUNGSZEIT: 30 MINUTEN
GARZEIT: 20 MINUTEN

1 Den Backofen auf 180 °C (Ober- und Unterhitze) vorheizen.

2 Die Fische waschen, trocken tupfen und außen und innen mit Salz einreiben. Die Thymian- und Dillzweige waschen und trocken tupfen. Ins Innere der Fische einige Kräuterzweige geben. Eine Auflaufform mit Butter einfetten und die Fische hineinlegen.

3 Die Schalotten schälen und fein würfeln. Das Öl in einer Pfanne erhitzen und die Schalotten darin glasig anschwitzen. Den Wein angießen, kurz aufkochen, dann die Wein-Zwiebel-Mischung über den Fischen verteilen.

4 Ein genügend großes Stück Alufolie mit Butter bestreichen und die Form mit den Fischen damit abdecken. Die Fische im vorgeheizten Ofen 15–20 Minuten garen.

5 Die Form aus dem Ofen nehmen, die Folie entfernen und den Garsud durch ein Sieb in einen Topf abgießen. Die Form mit den Fischen wieder abgedeckt in den Ofen stellen, den Ofen jedoch ausschalten.

6 Den Garsud im Topf bei mittlerer Hitze leicht reduzieren. Die Sahne und die Crème fraîche einrühren. Die Sauce noch einmal aufkochen lassen, dann die Kräuter unterrühren und mit Salz sowie Pfeffer abschmecken.

7 Die Fische aus dem Ofen nehmen, in Filets zerteilen und von der Haut befreien. Die Fischfilets auf Platten anrichten, mit der Sauce beträufeln und mit frischen Kräuterblättchen garniert servieren. Die übrige Sauce separat dazu reichen.

## TIPP

Als Begleiter für dieses Fischgericht können Sie Kartoffeln, Salat oder Frühlingsgemüse reichen, z. B. Spargel oder Spinat.

# Kaninchenrücken
## mit Spargel und Kartoffeln

**ZUTATEN FÜR 4 PERSONEN**

**Für die Kaninchenrücken:**

2 Kaninchenrücken (à 700–800 g), küchenfertig und mit Knochen

Pflanzenöl (zum Braten)

1 Bund Suppengrün
(1 Stück Knollensellerie,
1 Karotte, 1 Stück Lauch)

2 Knoblauchzehen

1 Zwiebel

1 EL Tomatenmark

200 ml trockener Rotwein

1 Zweig Rosmarin

1 Stängel Salbei

1 Lorbeerblatt · 2 Pimentkörner

Salz · frisch gemahlener Pfeffer

**Für den Spargel und die Kartoffeln:**

600 g festkochende Kartoffeln

1 kg weißer Spargel · Zucker

½ unbehandelte Zitrone

2 EL frisch gehackte Petersilie

2 EL Butter

**Für die Sauce:**

1 große Karotte

1 Stange Sellerie

4 Zweige Thymian

1 Schalotte · 1 EL Butter

**Für die Mehlbutter:**

1 ½ EL Mehl

1 ½ EL weiche Butter

ZUBEREITUNGSZEIT: 45 MINUTEN
GARZEIT: 1 STUNDE 50 MINUTEN

1 Die Kaninchenrücken waschen, trocken tupfen und die Filets mit einem scharfen, spitzen Messer vom Knochen lösen. Die Knochen hacken und in einem Topf oder Bräter in heißem Öl scharf anbraten, dabei immer wieder wenden. Das Suppengrün, den Knoblauch und die Zwiebel putzen bzw. schälen, grob in Stücke schneiden und mit den Knochen braten. Das Tomatenmark einrühren, kurz Farbe nehmen lassen. Das Gemüse und die Knochen mit der Hälfte des Weins ablöschen. Den Bratensatz vom Topfboden lösen, bei Bedarf abschaben und die Flüssigkeit reduzieren.

2 Den restlichen Wein und 1,5 Liter Wasser angießen. Den Rosmarin, den Salbei, das Lorbeerblatt sowie die Pimentkörner dazugeben, mit Salz sowie Pfeffer würzen und den Fond bei mittlerer Hitze 1 ½ Stunden köcheln lassen.

3 In der Zwischenzeit die Kartoffeln schälen und in kochendem Salzwasser 25–30 Minuten garen. Den Spargel ebenfalls schälen und die holzigen Enden entfernen. Die Petersilie waschen und trocken tupfen. In einem Topf Wasser mit 1 Prise Zucker und der halben Zitrone zum Kochen bringen. Den Spargel darin 20–25 Minuten bei mittlerer Hitze köcheln lassen.

4 Die Kaninchenrückenfilets mit Salz und Pfeffer würzen. Etwas Öl in einer Pfanne erhitzen und die Filets rundherum bei starker Hitze scharf anbraten, herausnehmen und beiseitelegen.

5 Für die Sauce die Karotte schälen, den Sellerie putzen und waschen. Beides in sehr kleine Würfel schneiden. Den Thymian waschen, trocken tupfen und die Blättchen von den Stielen streifen.

6 Den Fond durch ein Sieb passieren und 500 ml davon abmessen. Die Schalotte schälen und fein hacken. In einem Topf die Butter zerlassen und darin die Schalotte mit den Karotten- und den Selleriewürfeln anschwitzen. Den abgemessenen Fond angießen und aufkochen lassen. Das Mehl mit der Butter verkneten. Anschließend die Mehlbutter in die Sauce rühren und die Sauce damit abbinden, dann mit Salz und Pfeffer abschmecken. Den Thymian einrühren.

7 In einer weiteren Pfanne die Butter für die Kartoffeln zerlassen. Die Kartoffeln abgießen, ausdampfen lassen, dann mit der Petersilie in der Butter schwenken. Den Spargel aus dem Sud nehmen und abtropfen lassen.

8 Das Rückenfilet kurz in der Sauce erwärmen, dann in Scheiben schneiden und mit dem Spargel auf Tellern anrichten. Das Fleisch mit der Sauce beträufeln und mit den Petersilienkartoffeln servieren.

# Gefüllter Schweinerollbraten
## mit Kräutern und Bratkartoffeln

**ZUTATEN FÜR 4–6 PERSONEN**

1 ½ kg durchwachsener Schweinebauch

Salz · frisch gemahlener Pfeffer · 1 EL Essig

1 Bund gemischte Kräuter
(z. B. Rosmarin, Thymian, Salbei)

3 Lorbeerblätter

etwa 150 ml Fleischbrühe

600 g kleine festkochende Kartoffeln

1 EL Butterschmalz · Meersalz

ZUBEREITUNGSZEIT: 40 MINUTEN
GARZEIT: 1 STUNDE 30 MINUTEN

1 Den Ofen auf 200 °C (Ober- und Unterhitze) vorheizen.

2 Die Schwarte des Schweinebauchs mit einem scharfen Messer rautenförmig einschneiden. Das Fleisch von beiden Seiten mit Salz und Pfeffer einreiben und die schwartenfreie Seite mit Essig bestreichen.

3 Die Kräuter waschen, trocken tupfen und mit den Lorbeerblättern in der Mitte über die ganze Länge des Fleischstücks verteilen. Das Fleisch einrollen und mit Küchengarn fest zusammenbinden.

4 Den Rollbraten in einen Bräter legen und im Ofen etwa 30 Minuten braten. Dann etwas Brühe angießen und weitere 50–60 Minuten fertig garen. Nach Bedarf noch etwas Brühe zugießen, damit der Braten nicht anbrennt.

5 In der Zwischenzeit die Kartoffeln waschen und in kochendem Salzwasser etwa 25 Minuten garen. Die Kartoffeln abgießen, ausdampfen lassen und halbieren. In einer heißen Pfanne das Butterschmalz erhitzen und die Kartoffeln darin rundherum goldbraun braten.

6 Das Fleisch aus dem Ofen nehmen, das Küchengarn entfernen und den Braten in Scheiben schneiden. Die Kartoffeln mit Meersalz bestreuen, mit dem Braten auf vorgewärmten Tellern anrichten und mit Bratensaft beträufeln. Sofort servieren.

## TIPP

Servieren Sie einen grünen Blattsalat oder Frühlingsgemüse als Beilage zu diesem Schweinebraten.

# Kalbshaxe mit Gemüse

1 Den Backofen auf 160 °C (Ober- und Unterhitze) vorheizen.

2 Die Kartoffeln waschen und mit Schale in mundgerechte Stücke schneiden. Die Karotten schälen und in Stifte teilen. Die Zuckerschoten waschen und bei Bedarf halbieren. Die Zucchini waschen, längs halbieren und in schmale Scheiben schneiden.

3 Die Zwiebeln schälen und in Spalten schneiden. Den Knoblauch schälen, fein hacken und mit dem Gemüse und den Rosmarinnadeln mischen. Die Zitronen heiß waschen, trocken tupfen und halbieren.

4 Einen großen Bräter mit Öl ausstreichen. Das Gemüse hineinlegen, mit Salz sowie Pfeffer würzen und die Zitronenhälften darauflegen.

5 Die Haxen waschen, trocken tupfen und mit Salz sowie Pfeffer einreiben. In einer Pfanne etwas Öl erhitzen und das Fleisch darin rundherum anbraten. Die angebratenen Haxen auf das Gemüse legen, den Wein angießen und alles im Ofen 60–80 Minuten schmoren. Dabei die Haxen ab und zu wenden und das Gemüse durchmischen.

6 Das Gemüse mit den Haxen auf vorgewärmten Tellern anrichten und servieren.

**ZUTATEN FÜR 4 PERSONEN**

200 g neue festkochende Kartoffeln

200 g Karotten

150 g Zuckerschoten

2 Zucchini · 2 rote Zwiebeln

1 Knoblauchzehe

1 EL Rosmarinnadeln

2 unbehandelte Zitronen

Olivenöl (für die Form und zum Braten)

Salz · frisch gemahlener Pfeffer

4 kleine Kalbshaxen (à etwa 300–350 g), mit Knochen

200 ml trockener Weißwein

**ZUBEREITUNGSZEIT:** 30 MINUTEN
**GARZEIT:** 1 STUNDE 20 MINUTEN

# Schweinekrustenbraten
## mit Semmelknödeln

**ZUTATEN FÜR 4 PERSONEN**

**Für den Braten:**

2 Karotten
1 Petersilienwurzel
200 g Knollensellerie
2 Zwiebeln
2 Knoblauchzehen
etwa 400 g Schweineknochen
1 EL Pflanzenöl
800 g Schweinebraten, mit Schwarte
Salz · frisch gemahlener Pfeffer
1 TL Kümmel
1–2 Flaschen dunkles Bier oder nach Belieben Wasser
½ Stange Lauch (nach Belieben)
1 Lorbeerblatt
1 TL Pfefferkörner
1 TL Wacholderbeeren

**Für die Semmelknödel:**

250 g Knödelbrot
etwa 200 ml heiße Milch
1 kleine Zwiebel
1 EL Butter
1 EL frisch gehackte Petersilie
1 TL getrockneter Majoran
1 Ei
Salz · frisch gemahlener Pfeffer
frisch geriebene Muskatnuss
Semmelbrösel (nach Bedarf)

ZUBEREITUNGSZEIT: 50 MINUTEN
GARZEIT: 2 STUNDEN

1 Den Backofen auf 220 °C (Umluft) vorheizen.

2 Die Karotten, die Petersilienwurzel, den Sellerie, die Zwiebeln sowie den Knoblauch schälen und grob würfeln. Die Schweineknochen kalt abwaschen und abtropfen lassen. Den Boden eines Bräters mit Öl bestreichen. Die Knochen und das Gemüse (bis auf den Knoblauch) darin verteilen.

3 Das Fleisch waschen, trocken tupfen und die Schwarte mit einem scharfen Messer rautenförmig einschneiden. Rundherum mit Salz, Pfeffer und Kümmel kräftig würzen und einreiben, dann das Fleisch mit der Schwarte nach oben auf das Gemüse legen.

4 Den Braten im Ofen etwa 30 Minuten anbraten. Wenn das Gemüse beginnt, braun zu werden, etwas Bier angießen und die Temperatur auf 180 °C reduzieren. Falls gewünscht, den Lauch waschen und in Ringe schneiden. Den Lauch zusammen mit dem Knoblauch, dem Lorbeerblatt, den Pfefferkörnern und den Wacholderbeeren in den Bräter geben. Den Braten etwa 1 ½ Stunden im Ofen weiterschmoren lassen, nach Bedarf immer wieder etwas Bier oder Wasser zugießen. Das Gemüse und die Knochen ab und zu wenden. Keine Flüssigkeit über die Schwarte gießen, da diese sonst nicht knusprig wird.

5 Für die Knödel das Knödelbrot in eine Schüssel geben, mit heißer Milch übergießen und ziehen lassen. Die Zwiebel schälen und fein würfeln. Die Butter in einer kleinen Pfanne zerlassen und die Zwiebel darin glasig anschwitzen. Die Pfanne vom Herd nehmen, dann die Petersilie unterrühren. Die Zwiebel-Petersilien-Mischung mit dem Majoran und dem Ei zum Knödelbrot geben, mit Salz, Pfeffer und Muskat würzen. Alles gut vermengen.

6 Die Knödelmasse etwa 15 Minuten ziehen lassen, dann noch mal durchmischen. Bei Bedarf etwas Semmelbrösel zugeben, bis ein gut formbarer Teig entstanden ist. Ist der Knödelteig zu fest, einfach noch 1 Ei unterkneten. Anschließend die Masse zu runden Knödeln formen und diese in kochendes Salzwasser geben. Die Semmelknödel im leicht köchelnden Wasser etwa 20 Minuten gar ziehen lassen.

7 Ist die Kruste beim Braten noch nicht aufgesprungen, zum Ende der Bratzeit die Temperatur noch einmal auf 220 °C erhöhen. Dann den Braten aus dem Bräter nehmen. Den Bratensatz vom Topfboden schaben und die Sauce durch ein Sieb passieren, nach Bedarf das Fett von der Oberfläche schöpfen. Die Sauce etwas einköcheln lassen und mit Salz und Pfeffer abschmecken. Den Braten in Scheiben schneiden und mit den Knödeln und der Sauce servieren.

# *Lammkeule*
## mit Knoblauch

**ZUTATEN FÜR 6–8 PERSONEN**

4 Zweige Thymian

1 Lammkeule (etwa 2 kg), küchenfertig und mit Knochen

Salz

frisch gemahlener Pfeffer

2 EL Pflanzenöl

300 ml Lammfond

1 Knolle Knoblauch

**ZUBEREITUNGSZEIT: 45 MINUTEN**
**GARZEIT: 3 STUNDEN 30 MINUTEN**

1 Den Backofen auf 140 °C (Ober- und Unterhitze) vorheizen.

2 Den Thymian waschen, trocken tupfen und die Blättchen von den Stielen streifen.

3 Die Lammkeule waschen, trocken tupfen und mit Salz, Pfeffer sowie Thymian einreiben. Das Öl in einem Bräter erhitzen und darin die Keule rundherum anbraten. Das Fleisch mit dem Fond ablöschen und für 3–3 ½ Stunden in den vorgeheizten Ofen schieben.

4 Die Knoblauchzehen mit Schale andrücken und nach 2 Stunden Schmorzeit um die Keule herum verteilen.

5 Die Keule gelegentlich mit etwas Flüssigkeit beträufeln. Die Keule aus dem Ofen nehmen, kurz ruhen lassen und mit dem Knoblauch auf einer Platte anrichten.

## TIPP

Servieren Sie als Beilage frisches Gemüse Ihrer Wahl. Besonders gut passen Rosmarinkartoffeln, grüne Bohnen oder frischer Spinat. Für die Rosmarinkartoffeln kochen Sie Kartoffeln, zerlassen dann etwas Butter in einer Pfanne und schwenken darin die Kartoffeln gemeinsam mit frischen Rosmarinnadeln durch.

# Hackbraten mit Kräutern

1 Den Backofen auf 200 °C (Ober- und Unterhitze) vorheizen.

2 Das Brötchen in lauwarmem Wasser einweichen. Die Schalotte und den Knoblauch schälen und in feine Würfel schneiden.

3 Den Camembert in dünne Scheiben schneiden. Den Thymian und die Petersilie waschen und trocken tupfen.

4 Das Hackfleisch mit dem gut ausgedrückten Brötchen, dem Ei, der Schalotte, dem Knoblauch und dem Senf vermengen. Die Fleischmasse auf einer Arbeitsfläche zu einem 1 cm dicken Rechteck ausbreiten, anschließend mit den Camembertscheiben belegen und zu einer Roulade aufrollen.

5 Eine Auflaufform mit Butter ausstreichen. Den Hackbraten in die Form legen und mit dem Öl bestreichen. Die Kräuter über das Fleisch streuen und den Braten im Ofen etwa 50–60 Minuten braten. Den Hackbraten herausnehmen, in Scheiben schneiden und servieren.

**ZUTATEN FÜR 4 PERSONEN**

1 Brötchen (vom Vortag)
1 Schalotte · 1 Knoblauchzehe
200 g Camembert
1 Bund Thymian · 3 Stängel Petersilie
800 g gemischtes Hackfleisch
1 Ei · 1 TL mittelscharfer Senf
Butter (für die Form) · 2 EL Pflanzenöl

ZUBEREITUNGSZEIT: 40 MINUTEN
GARZEIT: 50 MINUTEN

## TIPP

Für ein intensiveres Kräuteraroma legen Sie vor dem Einrollen einige Kräuterzweige auf die Camembertscheiben oder mischen Sie gehackte Kräuter unter den Fleischteig.

# Gefüllte Hähnchenschnitzel
## mit Bärlauchcreme

1 Die Schnitzel waschen, trocken tupfen, in einen Gefrierbeutel legen und mit einem Plattiereisen flach klopfen.

2 Für das Bärlauchpesto den Bärlauch verlesen, waschen und klein hacken. Den Hartkäse fein reiben. Den Bärlauch, den Käse und die gemahlenen Haselnusskerne in einer kleinen Schüssel oder im Mixer mit dem Öl zu einer Paste verrühren. Mit Salz und Pfeffer abschmecken.

3 Für die Füllung den Frischkäse mit 2–3 Esslöffeln Bärlauchpesto und dem Ei verrühren, mit Salz und Pfeffer abschmecken.

4 Die Schnitzel mit Salz und Pfeffer würzen und mit etwas Bärlauch-Frischkäse-Creme bestreichen. Eine Hälfte des Schnitzels über die andere klappen und mit einem Zahnstocher zusammenstecken.

5 Das Öl in einer Pfanne erhitzen und die Schnitzel von beiden Seiten bei mittlerer Hitze etwa 10 Minuten goldbraun braten. Die Schnitzel herausnehmen, auf einer Platte anrichten und servieren.

**ZUTATEN FÜR 4 PERSONEN**

4 Hähnchenschnitzel (à 160 g)
2 Bund Bärlauch · 50 g Hartkäse
1 EL gemahlene Haselnusskerne
100 ml Pflanzenöl (z. B. Olivenöl)
Salz · frisch gemahlener Pfeffer
150 g Frischkäse · 1 Ei · 2 EL Pflanzenöl

ZUBEREITUNGSZEIT: 25 MINUTEN
GARZEIT: 10 MINUTEN

### TIPP

Füllen Sie die Reste vom Bärlauchpesto in ein heiß ausgewaschenes, steriles Glas. Bedecken Sie das Pesto mit Öl und bewahren Sie es im Kühlschrank auf.
Zu den Hähnchenschnitzeln passt der bunte Spargelsalat mit Ei (siehe Seite 18).

# Rhabarber-Sahne-Torte

ZUTATEN FÜR 1 SPRINGFORM
(26 CM DURCHMESSER,
ETWA 12 STÜCKE)

**Für den Biskuit:**

4 Eier

100 g Zucker

Salz

80 g Mehl

20 g Speisestärke

**Für den Belag:**

500 g frischer Rhabarber

150 g Zucker

1 EL Zitronensaft

4 EL Erdbeer- oder anderen roten Fruchtsirup

10 Blatt rote Gelatine

600 ml Sahne

2 Päckchen Vanillezucker

2 EL gehackte Pistazien

Minzblättchen (zum Garnieren)

ZUBEREITUNGSZEIT: 40 MINUTEN
BACKZEIT: 35 MINUTEN
KÜHLZEIT: 4 STUNDEN

1 Den Backofen auf 180 °C (Umluft) vorheizen.

2 Die Eier trennen. Die Eigelbe und die Hälfte des Zuckers in einer großen Schüssel mit dem Rührgerät schaumig schlagen. Das Eiweiß mit 1 Prise Salz steif schlagen. Den restlichen Zucker einrieseln lassen und weiterschlagen, bis der Eischnee glänzt und Spitzen zieht.

3 Den Eischnee auf die Eigelbmasse geben. Das Mehl mit der Stärke mischen, über den Eischnee sieben und alles unter die Eigelbmasse heben.

4 Die Masse in eine mit Backpapier ausgelegte Springform füllen, glatt streichen und im vorgeheizten Ofen etwa 35 Minuten backen. Um sicher zu sein, dass der Kuchen gar ist, ein Holzstäbchen in die Krume stechen und herausziehen. Klebt keine Masse mehr daran, ist der Kuchen gar. Ansonsten den Kuchen noch 5–10 Minuten fertig backen.

5 Den Biskuitboden aus dem Ofen nehmen, abkühlen lassen, aus der Form lösen und auf einem Kuchengitter vollständig erkalten lassen.

6 Für den Belag den Rhabarber waschen, putzen und in 1 cm breite Stücke schneiden. Die Rhabarberstücke mit dem Zucker, dem Zitronensaft und dem Sirup in einem Topf zum Kochen bringen. Nach 2 Minuten 12 Stücke für die Garnitur herausnehmen und beiseitelegen. Die restlichen Stücke weitere 5 Minuten köcheln lassen, anschließend pürieren. Die Gelatine 10 Minuten in kaltem Wasser einweichen, gut ausdrücken und in dem warmen Püree auflösen. Das Rhabarberpüree zum Abkühlen in den Kühlschrank stellen.

7 Die Sahne mit dem Vanillezucker steif schlagen und unter das leicht gelierte, aber noch nicht feste Fruchtpüree mischen. Den Biskuit auf eine Kuchenplatte setzen, mit einem Tortenring umstellen und die Rhabarbersahne auf dem Biskuit verstreichen. Die Torte zum Festwerden 4 Stunden in den Kühlschrank stellen.

8 Den Tortenring von der Torte entfernen. Die Torte mit den beiseitegelegten Rhabarberstücken, den gehackten Pistazien sowie einigen Minzblättchen garnieren.

# Hefekringel

**ZUTATEN FÜR 6–8 STÜCK**

600 g Mehl · 1 Würfel Hefe
etwa 250 ml lauwarme Milch
100 g Zucker
100 g Butter · 2 Eier
50 g Mokkabohnen, gehackt
3 EL Milch (zum Bestreichen)
2 Eigelb (zum Bestreichen)

ZUBEREITUNGSZEIT: 45 MINUTEN
GEHZEIT: 1 STUNDE 25 MINUTEN
BACKZEIT: 30 MINUTEN

1 Das Mehl in eine Schüssel sieben, in die Mitte eine Mulde drücken. Die Hefe hineinbröckeln und einige Esslöffel lauwarme Milch und etwas Zucker dazugeben. Die Mischung mit etwas Mehl vom Rand verrühren. Den Vorteig an einem warmen Ort zugedeckt etwa 20 Minuten gehen lassen.

2 Die Butter mit der restlichen Milch leicht erwärmen. Wenn die Butter geschmolzen ist, die Milch mit dem restlichen Zucker und den Eiern zum Vorteig geben und alles zu einem Teig verarbeiten. Den Teig kräftig schlagen, bis er glatt ist und sich vom Schüsselrand löst. Den Hefeteig zugedeckt etwa 45 Minuten an einem warmen Ort gehen lassen, bis er das doppelte Volumen erreicht hat.

3 Den Backofen auf 180 °C (Ober- und Unterhitze) vorheizen.

4 Die gehackten Mokkabohnen unter den Teig kneten und diesen auf einer bemehlten Arbeitsfläche je nach gewünschter Größe in 6–8 Stücke teilen. Die Teigstücke jeweils halbieren und zu Strängen formen. Je zwei Stränge ineinanderschlingen und zu Ringen formen. Die Enden gut festdrücken.

5 Die Hefekringel auf ein mit Backpapier belegtes Backblech legen und zugedeckt nochmals etwa 20 Minuten gehen lassen.

6 Die Milch mit den Eigelben verquirlen und die Kringel damit bestreichen. Die Hefekringel etwa 30 Minuten goldbraun backen, dann herausnehmen und auskühlen lassen.

## TIPP

Statt Mokkabohnen können Sie auch gehackte Nusskerne (z. B. Hasel- oder Walnusskerne) unter den Teig kneten.

# Holunderküchlein

1  Die Blütendolden nicht waschen, nur etwas ausschütteln und verlesen.

2  Das Ei trennen. Das Eigelb mit dem Wein, dem Mehl, dem Zucker, dem Vanillezucker und der Orangenschale zu einem geschmeidigen Teig verrühren. Die Butter untermischen und den Teig etwa 20 Minuten ruhen lassen.

3  Das Eiweiß mit 1 Prise Salz steif schlagen und unter den Teig heben. Die Blütendolden vorsichtig durch den Teig ziehen und nacheinander in der Fritteuse oder in einem Topf in heißem Fett goldbraun ausbacken.

4  Die Hollerküchle auf Küchenpapier abtropfen lassen und vor dem Servieren mit Puderzucker bestauben.

ZUTATEN FÜR 4 PERSONEN

8–12 Holunderblütendolden

1 Ei

etwa 175 ml trockener Weißwein

125 g Mehl

1 EL Zucker

1 TL Vanillezucker

½ TL abgeriebene Schale von einer unbehandelten Orange

2 EL flüssige Butter

Salz

Fett (zum Ausbacken)

Puderzucker (zum Bestauben)

ZUBEREITUNGSZEIT: 25 MINUTEN
RUHEZEIT: 20 MINUTEN
AUSBACKZEIT: 20 MINUTEN

# Waldmeister-Apfel-Sorbet
## mit Apfelwein

**ZUTATEN FÜR 4 PERSONEN**

2 kg grüne Äpfel
1 unbehandelte Limette
150 g Zucker
4 EL Waldmeistersirup
2 Eiweiß
etwa 200 ml süßer Apfelwein

ZUBEREITUNGSZEIT: 1 STUNDE
GEFRIERZEIT: 4 STUNDEN

1 Die Äpfel waschen, in Stücke schneiden und entsaften. Von dem Saft 750 ml abmessen, den Rest für andere Rezepte oder zum Trinken verwenden.

2 Die Limette heiß abwaschen. Die Schale dünn abschälen, dabei nichts von der weißen Haut mit abschälen. Die Schale in feine Streifen schneiden und den Saft auspressen.

3 Den Limettensaft mit dem Zucker und dem Apfelsaft vermischen, einmal aufkochen, dann auskühlen lassen. Anschließend den Waldmeistersirup einrühren.

4 Die Eiweiße in den Saft geben und alles im Mixer oder mit einem Pürierstab aufschlagen. Die Masse in eine flache Metallschüssel geben und 3–4 Stunden im Gefrierfach fest werden lassen. Das Sorbet dabei alle 20–30 Minuten mit einer Gabel durchrühren, damit keine zu groben Eiskristalle entstehen.

5 Das Sorbet in großen Nocken in tiefen Dessertschälchen anrichten, mit Apfelwein begießen und mit den Limettenzesten garniert servieren.

# Gurken-Brot-Salat

**ZUTATEN FÜR 4 PERSONEN**

½ Weißbrot (vom Vortag)
8 EL Olivenöl
400 g Kirschtomaten
2 rote Zwiebeln
1 Knoblauchzehe
1 Salatgurke
1 EL weißer Balsamicoessig
1 EL Zitronensaft
Meersalz
frisch gemahlener Pfeffer
200 g Schafskäse
2 EL frisch gehackter Dill

ZUBEREITUNGSZEIT: 30 MINUTEN
ZIEHZEIT: 10 MINUTEN

1 Das Weißbrot in Scheiben schneiden. Die Brotscheiben in einer Pfanne in 3 Esslöffeln Olivenöl goldbraun und knusprig braten. Anschließend das Brot auf Küchenpapier abtropfen lassen, dann in grobe Stücke teilen.

2 Die Tomaten waschen und halbieren. Die Zwiebeln schälen, halbieren und in Streifen schneiden. Den Knoblauch schälen und fein hacken. Die Gurke waschen oder nach Belieben schälen, längs halbieren und in Scheiben schneiden.

3 Die Tomaten, die Zwiebeln, den Knoblauch und die Gurkenscheiben in eine Schüssel geben. Das restliche Öl, den Balsamico und den Zitronensaft unter das Gemüse mengen. Den Salat mit etwas Salz und Pfeffer abschmecken und etwa 10 Minuten ziehen lassen.

4 Den Schafskäse zerbröckeln und mit dem Dill sowie den Brotstücken unter den Salat mischen. Den Salat nochmals mit Salz und Pfeffer abschmecken und servieren.

## TIPP

Der Salat passt perfekt zu Grillgerichten oder Kurzgebratenem. Wenn Sie den Salat vorbereiten und z. B. für ein Picknick mitnehmen wollen, mischen Sie die Brotwürfel erst kurz vor dem Servieren unter, sonst weichen sie durch.

# Dicke-Bohnen-Salat
## mit Radieschen

**ZUTATEN FÜR 4 PERSONEN**

500 g frische Dicke Bohnen

1 l Gemüsebrühe

5 EL Zitronensaft

1 TL Salz

¼ TL frisch gemahlener weißer Pfeffer

1 TL Zucker

3–4 EL mildes Olivenöl

2–3 Frühlingszwiebeln, ohne Grün

1 Bund Radieschen

4–5 junge Kapuzinerkresseblätter (oder Kräuter nach Belieben)

ZUBEREITUNGSZEIT: 30 MINUTEN
KÜHLZEIT: 2 STUNDEN
GARZEIT: 15 MINUTEN

1 Die Dicken Bohnen verlesen. Die Gemüsebrühe aufkochen. Die Bohnen darin zugedeckt bei schwacher Hitze etwa 15 Minuten weich garen, sie sollen aber noch ganz leicht Biss haben.

2 In der Zwischenzeit in einer großen Schüssel den Zitronensaft mit Salz, Pfeffer, Zucker und dem Öl verquirlen.

3 Die Frühlingszwiebeln putzen, waschen und in feine Scheiben schneiden. Die Bohnen mit einer Siebkelle aus dem Sud heben und in die Schüssel mit der Marinade geben. Beides behutsam vermischen, dann die Frühlingszwiebeln untermengen und alles zugedeckt etwa 2 Stunden abkühlen lassen.

4 Kurz vor dem Servieren die Radieschen putzen, waschen, große Exemplare halbieren oder vierteln. Die Kräuter waschen und gut abtropfen lassen. Nach Belieben die Blättchen von den Stielen streifen und grob oder fein hacken.

5 Die Radieschen unter den Salat mischen und die Kräuter darüberstreuen. Den Dicke-Bohnen-Salat sofort servieren.

# Handkäse mit Musik
## und Radieschenquark

1 Für den Handkäse die Zwiebel schälen und in schmale, feine Streifen schneiden. Den Käse in 1 cm dicke Scheiben schneiden und mit den Zwiebelstreifen, dem Kümmel, der Petersilie, dem Essig sowie dem Öl mischen. Den Käse einige Minuten durchziehen lassen.

2 Inzwischen für den Quark die Radieschen putzen, waschen und in kleine Würfel schneiden. Den Schnittlauch waschen und trocken schütteln. Von dem Schnittlauch 3 Röhrchen zum Garnieren in 3 cm lange Stücke teilen, den Rest in feine Röllchen schneiden.

3 Den Quark mit dem Sauerrahm und dem Joghurt cremig rühren. Die Radieschen und die Schnittlauchröllchen untermischen. Den Quark mit Salz und Pfeffer abschmecken.

4 Den Radieschenquark in Schälchen anrichten und mit den übrigen Schnittlauchstücken garnieren. Den Käse und nach Belieben Graubrot dazu reichen.

### ZUTATEN FÜR 4 PERSONEN

**Für den Handkäse mit Musik:**

1 rote Zwiebel
500 g Harzer Käse oder anderer Sauermilchkäse
1 TL Kümmelsamen
3 EL Petersilienblättchen
3 EL Weißweinessig
4 EL Sonnenblumenöl

**Für den Radieschenquark:**

8 Radieschen · ½ Bund Schnittlauch
200 g Magerquark · 100 g Sauerrahm
3 EL Naturjoghurt
Salz · frisch gemahlener Pfeffer
Graubrot (nach Belieben)

ZUBEREITUNGSZEIT: 25 MINUTEN

# Nuss-Nudel-Salat
## oder Erbsen-Nudel-Salat

Für beide Nudelsalate die Nudeln entsprechend der Packungsanweisung in kochendem Salzwasser bissfest garen, abgießen, kalt abschrecken und gut abtropfen lassen.

1 **Für den Nuss-Nudel-Salat** (links im Bild) die Pinienkerne, die Haselnüsse und die Mandeln in einer heißen Pfanne ohne Fett leicht anrösten, herausnehmen und abkühlen lassen.

2 Den Knoblauch schälen und grob hacken. Die Tomaten abtropfen lassen, in Streifen schneiden und mit dem Knoblauch, den Nüssen und der Hälfte der Pinienkerne in einem Mixer oder mit einem Pürierstab fein pürieren. Nach und nach das Öl einfließen lassen, bis ein sämiges Pesto entsteht. Den Käse untermischen und das Pesto mit Salz und Pfeffer abschmecken.

3 Die Nudeln in einer Schüssel mit dem Pesto und den restlichen Pinienkernen vermengen, kurz durchziehen lassen und servieren.

1 **Für den Erbsen-Nudel-Salat** (rechts im Bild) die Erbsen verlesen, waschen und in kochendem Salzwasser 3–4 Minuten blanchieren. Die Erbsen abgießen, mit kaltem Wasser abschrecken und gut abtropfen lassen.

2 Den Knoblauch schälen und grob hacken. Die Hälfte der Pistazien mit der Hälfte der Erbsen und dem Knoblauch in einem Mixer oder mit einem Pürierstab fein pürieren. Nach und nach das Öl einfließen lassen, bis ein sämiges Pesto entsteht. Den Käse und den Zitronenabrieb unter das Pesto mischen und mit Salz und Pfeffer abschmecken.

3 Die Nudeln mit dem Pesto sowie den restlichen Erbsen und Pistazien in einer Schüssel mischen und servieren.

FÜR 4 PERSONEN

400 g Nudeln (Spirelli oder Creste di Gallo) · Salz

**Für den Nuss-Nudel-Salat:**

60 g geschälte Pinienkerne · je 30 g geschälte Haselnüsse und Mandeln · 1 Knoblauchzehe

40 g getrocknete, in Öl eingelegte Tomaten

etwa 120 ml Olivenöl · 5–6 EL geriebener Hartkäse (z. B. Greyerzer) · Salz · frisch gemahlener Pfeffer

**Für den Erbsen-Nudel-Salat:**

300 g grüne Erbsen · Salz · 2 Knoblauchzehen

60 g ungesalzene geschälte Pistazien

etwa 120 ml Olivenöl · 5–6 EL geriebener Hartkäse (z. B. Greyerzer) · ½ TL Abrieb von einer Zitrone

frisch gemahlener Pfeffer

ZUBEREITUNGSZEIT: 25–30 MINUTEN
GARZEIT: 15–20 MINUTEN

# *Eisbergsalat* mit Erdbeeren und Schafskäse

ZUTATEN FÜR 4 PERSONEN

1 Kopf Eisbergsalat
300 g Erdbeeren
300 g geräucherter Schafskäse
1 große Salatgurke
50 g geschälte Haselnüsse
2 EL weißer Balsamicoessig
4 EL Olivenöl
Salz
frisch gemahlener Pfeffer

ZUBEREITUNGSZEIT: 25 MINUTEN

1 Den Salat putzen, die Blätter abtrennen, waschen, trocken schleudern und in mundgerechte Stücke zupfen.

2 Die Erdbeeren putzen, waschen und halbieren. Den Käse zuerst in schmale Scheiben, dann in mundgerechte Stücke schneiden. Die Gurke schälen oder nach Belieben nur waschen und in schmale Scheiben schneiden.

3 Die Nüsse in einer heißen Pfanne ohne Fett anrösten, bis sie duften, dann herausnehmen, abkühlen lassen und grob hacken.

4 Für die Marinade den Essig mit dem Öl verquirlen und mit Salz sowie Pfeffer abschmecken.

5 Den Salat auf Tellern anrichten und darauf die Erdbeeren, die Gurkenscheiben sowie die Käsestücke verteilen. Die Marinade darüberträufeln, den Salat mit den Nüssen bestreuen und servieren.

# Erbsensuppe
## mit Gemüsechips

1 Die Kartoffeln, die Karotten, den Sellerie und die Zwiebel schälen. Eine Kartoffeln und eine Karotte in hauchdünne Scheiben schneiden oder hobeln, das restliche Gemüse klein würfeln.

2 In einem Topf das Öl erhitzen und die Zwiebelwürfel darin glasig anschwitzen. Dann die restlichen Gemüsewürfel zugeben, mitschwitzen und die Erbsen untermischen. Die Gemüsebrühe dazugießen. Die Suppe 1–1 ¼ Stunden köcheln lassen.

3 In der Zwischenzeit die Rote Bete schälen und ebenfalls in hauchdünne Scheiben schneiden oder hobeln. In einem Topf reichlich Öl erhitzen und die dünnen Kartoffel-, Karotten- und Rote-Bete-Scheiben darin goldgelb frittieren. Die Gemüsescheiben mit einer Siebkelle herausnehmen, auf Küchenpapier abtropfen lassen und leicht salzen.

4 Die Suppe mit einem Pürierstab pürieren, bei Bedarf noch etwas Brühe zugießen. Mit Salz und Pfeffer abschmecken. Die Erbsensuppe auf Suppenschalen verteilen, mit den Gemüsechips garnieren und mit frisch gehackter Petersilie bestreut servieren.

**ZUTATEN FÜR 4 PERSONEN**

150 g Kartoffeln · 2 Karotten
¼ Knolle Sellerie · 1 Zwiebel · 2 EL Pflanzenöl
250 g getrocknete gelbe Schälerbsen
1–1,25 l Gemüsebrühe · 1 Knolle Rote Bete
Pflanzenöl (zum Frittieren)
Salz · frisch gemahlener Pfeffer
2 EL frisch gehackte Petersilie

ZUBEREITUNGSZEIT: 40 MINUTEN
GARZEIT: 1 STUNDE 20 MINUTEN

### TIPP

Getrocknete Schälerbsen brauchen Sie nicht einzuweichen. Die harte Schale, die das Einweichen notwendig macht, wurde bereits entfernt. Schälerbsen werden beim Kochen weicher und machen die Suppe sämiger.

# Wurstsalat
## mit Zwiebeln

1 Die Regensburger Würste häuten, in dünne Scheiben schneiden und in eine Schüssel geben.

2 Für die Marinade die Brühe, den Senf, den Essig, Salz und Pfeffer vermischen. Das Öl unterrühren und die Marinade über den Wurstscheiben verteilen. Den Wurstsalat mindestens 2 Stunden durchziehen lassen.

3 Kurz vor dem Servieren die Zwiebeln schälen, in Ringe schneiden und mit dem Schnittlauch unter den Salat heben. Den Wurstsalat vor dem Servieren nochmals mit Salz und Pfeffer abschmecken.

**ZUTATEN FÜR 4 PERSONEN**

5 Regensburger Würste

150 ml lauwarme Fleischbrühe

1 TL scharfer Senf

2 EL Rotweinessig

Salz

frisch gemahlener Pfeffer

2 EL Keimöl

2 Zwiebeln

2 EL Schnittlauchröllchen

ZUBEREITUNGSZEIT: 15 MINUTEN
MARINIERZEIT: 2 STUNDEN

# Blattsalat
## mit Trauben und Käse

**ZUTATEN FÜR 4 PERSONEN**

250 g gemischter Salat (z. B. Rauke, roter Kopfsalat, Bataviasalat, Lollo Rosso)

150 g weiße Trauben

150 g blaue Trauben

400 g verschiedene Käsesorten (z. B. Greyerzer, Gorgonzola, Camembert, Tilsiter)

2 EL Weißweinessig

4 EL Olivenöl

Salz

frisch gemahlener Pfeffer

3 EL geschälte Sonnenblumenkerne (zum Garnieren)

**ZUBEREITUNGSZEIT: 30 MINUTEN**

1 Den Salat putzen, verlesen, waschen, trocken schleudern und bei Bedarf in mundgerechte Stücke zupfen. Die Weintrauben waschen und halbieren, nach Belieben entkernen.

2 Den Käse in mundgerechte Stücke schneiden oder hobeln, bei Bedarf den Rand abschneiden.

3 Für die Vinaigrette den Essig mit dem Öl verrühren und mit Salz und Pfeffer abschmecken.

4 Den Salat mit den Trauben auf Tellern anrichten, mit der Vinaigrette beträufeln und den Käse darauf verteilen. Mit Sonnenblumenkernen bestreut servieren.

# Gegrillte Lachsspieße
## auf grünen Bohnen

1 Von den Bohnen die Enden abschneiden. Die Bohnen dann putzen, waschen und in stark gesalzenem, kochendem Wasser mit dem Bohnenkraut etwa 8 Minuten blanchieren. Das Wasser abgießen und die Bohnen sofort mit kaltem Wasser abschrecken.

2 Für die Lachsspieße das Lachsfilet waschen, trocken tupfen und in 3–4 cm große Würfel schneiden. Jeweils 3 Würfel auf einen Holzspieß stecken. Die Fischspieße mit Zitronensaft bestreichen und kurz ziehen lassen.

3 In der Zwischenzeit den Grill vorheizen.

4 Die Lachsspieße mit Küchenpapier trocken tupfen, danach mit Öl einpinseln und auf dem Grill etwa 3 Minuten von jeder Seite grillen. Die Spieße mit Salz und Pfeffer würzen.

5 Für die Zitronencreme den Joghurt mit Salz, Pfeffer, Zitronensaft und -schale verrühren.

6 In einer heißen Pfanne die Butter zerlassen und darin die Bohnen schwenken, anschließend mit Salz und Pfeffer würzen.

7 Die Bohnen auf vorgewärmten Tellern anrichten, jeweils 2 Lachsspieße darauflegen und mit einem Klecks Zitronencreme, einigen Orangenstückchen und Schnittlauchröllchen garnieren.

**ZUTATEN FÜR 4 PERSONEN**

**Für die Bohnen:**

750 g grüne Bohnen · Salz · ½ Bund Bohnenkraut

30 g Butter · frisch gemahlener Pfeffer

**Für die Lachsspieße:**

600 g Lachsfilet, ohne Haut · 2 EL Zitronensaft

2 EL Olivenöl · Salz · frisch gemahlener Pfeffer

**Für die Zitronencreme:**

250 g Naturjoghurt · Salz · frisch gemahlener Pfeffer

1–2 EL Zitronensaft · 1 TL abgeriebene Schale von einer unbehandelten Zitrone

2 EL kandierte Orangenstückchen (zum Garnieren)

Schnittlauchröllchen (zum Garnieren)

ZUBEREITUNGSZEIT: 30 MINUTEN
GARZEIT: 20 MINUTEN

# Gebratene Forellen
## mit Trauben-Mandel-Sauce

1 Den Backofen auf 180 °C (Ober- und Unterhitze) vorheizen.

2 In einem Bräter oder einer Bratreine das Butterschmalz erhitzen.

3 Von den Forellen den Kopf abschneiden. Den Saft aus 1 Zitrone auspressen. Die Forellen waschen, abtupfen und mit Zitronensaft beträufeln. Innen und außen mit Salz und Pfeffer einreiben.

4 Die Petersilie und den Dill waschen, trocken tupfen und die Blättchen von den Stielen zupfen. Dabei einige Dillspitzen zum Garnieren beiseitelegen. Die restlichen Kräuter grob hacken und in die Forellen füllen.

5 Die Fische in Mehl wenden, gut abklopfen und im heißen Fett von beiden Seiten anbraten. Die Fische mit Weißwein übergießen und im Ofen je nach Größe der Fische 15–20 Minuten braten.

6 Für die Sauce die Trauben waschen und halbieren. Die Butter in einer Pfanne erhitzen und die Traubenhälften darin anbraten. Die Trauben mit dem Wein ablöschen und die Flüssigkeit auf die Hälfte reduzieren. Den Fischfond angießen, dann mit Salz und Pfeffer würzen. Die Sahne dazugeben und die Sauce einmal kurz aufkochen. Anschließend die Mandeln untermischen.

7 Die Fische aus dem Ofen nehmen und auf Tellern anrichten. Die Sauce auf den Fischen verteilen. Die übrige Zitrone heiß waschen, abtrocknen und in Spalten schneiden. Die Fische mit den restlichen Dillspitzen und den Zitronenspalten garniert servieren.

ZUTATEN FÜR 4 PERSONEN

### Für die Forellen:

50 g Butterschmalz · 4 Forellen, küchenfertig (à etwa 300 g)

2 unbehandelte Zitronen

Salz · frisch gemahlener Pfeffer

½ Bund Petersilie · 5–6 Zweige Dill

Mehl (zum Wenden) · 125 ml trockener Weißwein

### Für die Sauce:

250 g kernlose weiße Weintrauben · 1 EL Butter

100 ml trockener Weißwein · 150 ml Fischfond

Salz · frisch gemahlener Pfeffer

100 ml Sahne (mindestens 30 % Fett)

100 g gehobelte Mandeln, geröstet

ZUBEREITUNGSZEIT: 40 MINUTEN
GARZEIT: 25 MINUTEN

# Fleisch-Gemüse-Spieße
## mit Bauernsalat

ZUTATEN FÜR 4 PERSONEN

**Für die Spieße:**

600 g Schweinefleisch

je 1 rote und gelbe Paprikaschote

2 Zwiebeln

Salz

**Für die Marinade:**

2 Knoblauchzehen

125 ml Olivenöl

2 EL frisch gehackte Kräuter (z. B. Petersilie, Thymian, Rosmarin)

abgeriebene Schale von ½ unbehandelten Zitrone

frisch gemahlener Pfeffer

**Für den Salat:**

1 Kopf Eisbergsalat

½ Salatgurke

1 Zwiebel · 2 Tomaten

je 1 rote und gelbe Paprikaschote

200 g Schafskäse

80 g entsteinte schwarze Oliven

**Für das Salatdressing:**

2 EL Weißweinessig

2 EL Gemüsebrühe · 1 TL Senf

1 EL frisch gehackte Petersilie

4 EL Olivenöl

frisches Fladen- oder Weißbrot (zum Servieren)

ZUBEREITUNGSZEIT: 45 MINUTEN
ZIEHZEIT: 1 STUNDE
GRILLZEIT: 8 MINUTEN

1 Das Fleisch waschen, trocken tupfen und in mundgerechte Stücke schneiden. Den Grill vorheizen.

2 Die Paprikaschoten waschen, halbieren, die Samen sowie die Scheidewände entfernen, dann in mundgerechte Stücke schneiden. Die Zwiebeln schälen, längs vierteln und die einzelnen Zwiebelschichten lösen.

3 Die Fleischstücke, die Paprikastücke und die Zwiebeln abwechselnd auf Holzspieße stecken.

4 Für die Marinade die Knoblauchzehen schälen und fein hacken. Das Olivenöl mit dem Knoblauch, den Kräutern, dem Zitronenabrieb und etwas Pfeffer in einer flachen Form verrühren. Die Fleisch-Gemüse-Spieße einlegen und darin mindestens 1 Stunde im Kühlschrank durchziehen lassen. Dabei gelegentlich wenden.

5 Für den Salat die Salatblätter von dem Eisbergsalat abzupfen, putzen, waschen, trocken schleudern und in mundgerechte Stücke zupfen. Die Gurke und die Zwiebel schälen, die Tomaten waschen. Das Gemüse in Scheiben schneiden. Die Paprikaschoten putzen, halbieren, Samen und Scheidewände entfernen, waschen und in Streifen schneiden. Den Feta würfeln. Die Salatblätter, die Gurken-, die Zwiebel- und die Tomatenscheiben, die Paprikastreifen, den Schafskäse und die Oliven in einer Schüssel vermengen.

6 Für das Dressing den Essig mit der Brühe, dem Senf, der Petersilie und dem Olivenöl gut verrühren. Das Dressing über den Salat gießen und alles gut durchmischen.

7 Die Spieße aus der Marinade nehmen, abtropfen lassen, mit Salz würzen und auf dem Grill an der heißesten Stelle von allen Seiten 6–8 Minuten grillen.

8 Die Fleisch-Gemüse-Spieße mit dem Bauernsalat und frischem Fladen- oder Weißbrot servieren.

# Überbackene Schweinemedaillons mit Speck

1 Den Backofen auf 180 °C (Ober- und Unterhitze) vorheizen.

2 Die Medaillons waschen und trocken tupfen. Die Fleischstücke mit Speck umwickeln und die losen Enden des Specks mit einem Zahnstocher feststecken. Das Fleisch mit Pfeffer würzen. Das Öl in einer Pfanne erhitzen und die Medaillons von allen Seiten kurz anbraten, dann in eine Auflaufform setzen.

3 Die Zucchini putzen, waschen, der Länge nach halbieren und in Scheiben schneiden. Die Kirschtomaten waschen und halbieren. Den Mozzarella gut abtropfen lassen und in Scheiben schneiden.

4 Die Zucchini und die Tomaten auf den Medaillons verteilen, mit Salz sowie Pfeffer würzen und mit Mozzarellascheiben belegen. Etwas Paprikapulver darüberstreuen und die Medaillons im Ofen etwa 20 Minuten backen, bis der Käse geschmolzen ist.

5 Die Schweinemedaillons herausnehmen und sofort servieren.

**ZUTATEN FÜR 4 PERSONEN**

8 Schweinemedaillons (à etwa 80 g)
8 Scheiben durchwachsener Speck
frisch gemahlener Pfeffer
2 EL Olivenöl
1 Zucchini
200 g Kirschtomaten
2 Kugeln Mozzarella (à 125 g)
Salz · ½ TL edelsüßes Paprikapulver

ZUBEREITUNGSZEIT: 20 MINUTEN
GARZEIT: 10 MINUTEN

**TIPP**

Servieren Sie zu den Schweinemedaillons einen Salat, z. B. den Eisbergsalat mit Erdbeeren und geräuchertem Schafskäse (siehe Seite 52).

# Schweinenackensteaks
## mit Honigmarinade

1 Den Schweinenacken abwaschen, trocken tupfen und in 8 etwa gleich dünne Scheiben schneiden.

2 Für die Marinade den Honig mit dem Zitronensaft, Öl, Paprika und Salz sowie Pfeffer verrühren. In einer Schüssel die Fleischscheiben gut mit der Marinade überziehen. Das Fleisch abgedeckt mindestens 2 Stunden im Kühlschrank ziehen lassen.

3 Den Grill anheizen.

4 Die Schweinenackensteaks auf den heißen Grill legen und von jeder Seite 4–5 Minuten grillen. Die Steaks auf Tellern anrichten und mit Petersilienblättchen garniert servieren.

ZUTATEN FÜR 4 PERSONEN

1 kg Schweinenacken, küchenfertig und ohne Knochen

2 EL Honig · Saft von 1 Zitrone

4–5 EL Olivenöl

1 TL edelsüßes Paprikapulver

Salz · frisch gemahlener Pfeffer

Petersilienblättchen (zum Garnieren)

ZUBEREITUNGSZEIT: 30 MINUTEN
MARINIERZEIT: 2 STUNDEN
GRILLZEIT: 10 MINUTEN

**TIPP**

Zu den Schweinenackensteaks passen gegrillte Tomaten oder Kartoffeln und frischer Blattsalat.

# *Schweinebraten*
## mit Kräuterbouquet

**ZUTATEN FÜR 4–6 PERSONEN**

1,2 kg Schweinebraten (z. B. aus der Schulter oder dem Nacken)
1 Knoblauchzehe
Salz
frisch gemahlener Pfeffer
1 TL getrockneter Majoran
2 EL Butterschmalz
200 ml Bier
2 Stängel Petersilie
2 Zweige Thymian
3 Zweige Majoran
2 frische Lorbeerblätter
Bier (zum Begießen)

ZUBEREITUNGSZEIT: 25 MINUTEN
BRATZEIT: 2 STUNDEN

1 Den Backofen auf 200 °C (Ober- und Unterhitze) vorheizen.

2 Den Braten waschen und trocken tupfen. Die Knoblauchzehe schälen und zusammen mit dem Salz in einem Mörser oder mit einer Messerklinge zerdrücken. Den Braten mit der zerdrückten Knoblauchzehe, dem Salz, etwas Pfeffer und dem Majoran einreiben.

3 In einem Bräter das Butterschmalz erhitzen und darin den Schweinebraten von allen Seiten anbraten. Etwa 200 ml Wasser und das Bier angießen und den Braten im Ofen zugedeckt 1½–2 Stunden garen.

4 Die Petersilie, den Thymian und den Majoran waschen, trocken schütteln und mit dem Lorbeer zu einem Sträußchen zusammenbinden. Das Sträußchen in den Bräter legen.

5 Den Braten immer wieder mit Wasser oder Bier begießen. Nach 1 Stunde den Deckel abnehmen und das Fleisch offen weiterschmoren, dabei einmal wenden. Nach Ende der Garzeit das Fleisch herausnehmen, kurz ruhen lassen und vor dem Servieren quer zur Faser in Scheiben schneiden.

6 Den Bräter auf den Herd stellen und die Bratenflüssigkeit kurz aufkochen. Dabei den Bratensatz vom Topfboden schaben. Die Sauce mit Salz und Pfeffer abschmecken und zu den Bratenscheiben reichen.

## TIPP

Je nach Geschmack und Anlass können Sie zu dem Schweinebraten Blattsalat, Gemüse, Bratkartoffeln (siehe Seite 30) oder Semmelknödel (siehe Seite 32) servieren. Auch die Kräuter können Sie nach Geschmack und je nachdem, was in Ihrem Kräutergarten gerade wächst, variieren.

# Wiener Schnitzel
## mit Kartoffel-Feldsalat

**ZUTATEN FÜR 4 PERSONEN**

**Für den Kartoffel-Feldsalat:**
800 g festkochende Kartoffeln
Salz
1 Zwiebel
6 EL Olivenöl
150 ml Fleischbrühe
4 EL Weißweinessig
1 TL scharfer Senf
frisch gemahlener Pfeffer
150 g Feldsalat

**Für den Gurkensalat:**
1 große Salatgurke
1 EL Weißweinessig
1 EL Zitronensaft
1 EL Crème fraîche
Salz
frisch gemahlener Pfeffer
Zucker

**Für die Wiener Schnitzel:**
4 dünne Kalbsschnitzel
(à etwa 150 g)
Salz
frisch gemahlener Pfeffer
etwa 6 EL Mehl
2 Eier
etwa 150 g Semmelbrösel
Butterschmalz (zum Braten)

ZUBEREITUNGSZEIT: 40 MINUTEN
GARZEIT: 40 MINUTEN

1 Den Ofen auf 70 °C vorheizen.

2 Für den Kartoffel-Feldsalat die Kartoffeln waschen und in Salzwasser etwa 25 Minuten gar kochen. Anschließend die Kartoffeln abgießen, etwas ausdampfen lassen, noch heiß pellen, dann in Scheiben schneiden.

3 Die Zwiebel schälen und fein hacken. In einer Pfanne 1 Esslöffel Öl erhitzen und die Zwiebel darin glasig schwitzen. Die Fleischbrühe angießen, aufkochen lassen. Die Zwiebelbrühe mit dem Essig und dem Senf unter die Kartoffeln mischen. Den Salat mit Salz und Pfeffer abschmecken und ziehen lassen.

4 Den Feldsalat putzen, waschen und trocken schleudern.

5 Für den Gurkensalat die Gurke waschen oder nach Belieben schälen, dann in sehr dünne Scheiben hobeln. Die Gurken mit Salz bestreuen und 30 Minuten in einem Sieb abtropfen lassen. Dann das Salz unter fließendem Wasser abwaschen und die Gurken anschließend gut abtropfen lassen.

6 Für das Dressing den Essig, den Zitronensaft und die Crème fraîche mit Salz, Pfeffer und etwas Zucker verrühren. Das Dressing bis zum Anrichten kühl stellen.

7 Die Kalbsschnitzel zwischen zwei Lagen Klarsichtfolie plattieren, von beiden Seiten mit Salz und Pfeffer würzen, dann in Mehl wenden. Die Eier in einem tiefen Teller verquirlen, die Semmelbrösel in einen weiteren tiefen Teller geben. Die Schnitzel zuerst durch die Eier ziehen, anschließend mit den Semmelbröseln panieren. Die Panade gut andrücken, damit sie beim Braten haften bleibt.

8 In einer großen Pfanne etwa 2 Esslöffel Butterschmalz erhitzen und die Schnitzel nacheinander goldgelb braten. Bei Bedarf erneut Butterschmalz dazugeben. Die fertigen Schnitzel bis zum Servieren im Backofen warm halten.

9 Vor dem Servieren den Feldsalat mit dem restlichen Öl unter den Kartoffelsalat heben, nochmals mit Salz sowie Pfeffer abschmecken und den Salat auf Tellern anrichten. Je ein Schnitzel darauflegen. Das Dressing unter die Gurken heben und den Gurkensalat separat zu den Wiener Schnitzeln mit Kartoffel-Feldsalat reichen.

# Kalbsleber
## im Speckmantel mit Grillgemüse

1 Den Grill anheizen.

2 Die Leber waschen, trocken tupfen und von Sehnen und Häutchen befreien. Die Leber dann in etwa 3 cm große Stücke schneiden.

3 Die Salbeiblätter von den Stängeln zupfen und waschen. Die Leberstücke mit je 1 Salbeiblatt belegen, anschließend mit 1 Scheibe Speck umwickeln.

4 Die Zucchini putzen, waschen und schräg in etwa 1 cm dünne Scheiben schneiden. Die Tomaten waschen und vorsichtig abtrocknen. Das Brot der Länge nach halbieren.

5 Die Leber auf den heißen Grill legen und von allen Seiten goldbraun grillen. Die Zucchinischeiben mit Salz, Pfeffer und 3 Esslöffeln Olivenöl mischen, in einer Grillschale auf den Grill legen und von beiden Seiten grillen. Die Tomaten mit dem Baguette ebenfalls auf den heißen Grill legen und kurz mitgrillen.

6 Die Brotscheiben mit den geschälten und leicht angedrückten Knoblauchzehen einreiben und mit etwas Olivenöl beträufeln.

7 Die Zucchinischeiben und die Tomaten auf Teller verteilen, die Leber darauf anrichten und mit dem Knoblauchbrot sofort servieren.

### ZUTATEN FÜR 4 PERSONEN

600 g Kalbsleber, küchenfertig

1 Bund Salbei

etwa 30 Scheiben Bauchspeck

2 große Zucchini

400 g Kirschtomaten

4 kleine Baguettes oder Baguettebrötchen

Salz

frisch gemahlener Pfeffer

Olivenöl (für die Zucchini und das Brot)

2 Knoblauchzehen

ZUBEREITUNGSZEIT: 30 MINUTEN
GRILLZEIT: 8 MINUTEN

# Grillspieß vom Rind
## mit grünem Spargel

1 Das Fleisch waschen, trocken tupfen und in 12 gleichgroße Scheiben schneiden. Den Knoblauch schälen, fein hacken und mit den Fenchelsamen, den Koriandersamen, dem Essig und 6 Esslöffeln Öl verrühren. Das Fleisch darin abgedeckt 2 Stunden im Kühlschrank marinieren.

2 In der Zwischenzeit das untere Drittel vom Spargel abschälen, die holzigen Enden entfernen und die Spargelstangen in kochendem Salzwasser mit 1 Prise Zucker etwa 12 Minuten kochen. Den Spargel abgießen, abschrecken und gut abtropfen lassen.

3 Den Grill anheizen.

4 Das Fleisch aus der Marinade nehmen, je 3 Fleischscheiben auf einen Holzspieß stecken und den Fleischspieß von allen Seiten etwa 8–10 Minuten grillen.

5 Den Spargel in eine Grillschale legen, mit etwas Öl beträufeln und ebenfalls kurz grillen. Das Fleisch während des Grillens immer wieder mit Marinade beträufeln.

6 Die fertigen Grillspieße mit dem Spargel auf Tellern anrichten und mit Meersalz bestreut servieren.

ZUTATEN FÜR 4 PERSONEN

600 g Rinderfilet, von Sehnen und Fett befreit

1 Knoblauchzehe · 1 TL Fenchelsamen

1 TL Koriandersamen · 1 EL Weißweinessig

Olivenöl

600 g grüner Spargel

Salz · Zucker · Meersalz

ZUBEREITUNGSZEIT: 35 MINUTEN
MARINIERZEIT: 2 STUNDEN
GRILLZEIT: 8 MINUTEN

## TIPP

Zu den Grillspießen passt gut mit Kräutern verfeinertes Weißbrot und eine frische Joghurtsauce, z. B. eine Zitronencreme (siehe Seite 58).

# Pfefferfilet vom Rind
## mit Paprika und Rauke

**ZUTATEN FÜR 4 PERSONEN**

4 rote Paprikaschoten
600 g Rinderfilet, zimmerwarm
grob gemahlener Pfeffer
1–2 EL Butterschmalz
1–2 Bund Rauke
3 EL Zitronensaft
1–2 EL Soja- oder anderes Pflanzenöl
Salz
½ TL mittelscharfer Senf
Zucker
Pfeffer (zum Übermahlen)

ZUBEREITUNGSZEIT: 40 MINUTEN
RUHEZEIT: 20 MINUTEN
GRILLZEIT: 4 MINUTEN

1. Den Grill vorheizen.

2. Die Paprikaschoten auf den Grill legen und grillen, bis die Haut schwarz wird und Blasen wirft. Die Schoten anschließend in einen Plastikbeutel geben, verschließen und 10 Minuten darin ruhen lassen. Die Paprika herausnehmen und die Haut von den Schoten abziehen. Dann die Paprikaschoten halbieren, Samen und Scheidewände entfernen und das Fruchtfleisch in breite Streifen schneiden.

3. Das Filet waschen und trocken tupfen, dann rundherum mit grob gemahlenem Pfeffer würzen. Eine Pfanne erhitzen, dann das Butterschmalz darin zerlassen. Nun das Fleisch kurz (1–2 Minuten je nach Dicke des Fleisches) bei hoher Hitze auf jeder Seite braun anbraten. Das Fleisch wenden, wenn es sich vom Pfannenboden lösen lässt. So wird das Fleisch innen medium-rare (blutig-rosa). Das Filet dann aus der Pfanne nehmen und zugedeckt etwa 10 Minuten ruhen lassen. Das Fleisch gart dabei noch nach.

4. Die Rauke waschen und trocken schleudern. Den Zitronensaft mit Öl, Salz, Senf und Zucker zu einer Marinade verquirlen.

5. Das Fleisch in dünne Scheibchen schneiden, mit Salz würzen und mit den Paprikastreifen sowie einigen Raukeblättern anrichten. Das Filet mit etwas Marinade beträufeln und mit Pfeffer übermahlen.

## TIPP

Soll das Filet medium (rosa) sein, braten Sie das Fleisch nach dem Anbraten nochmals 2–4 Minuten von jeder Seite in der Pfanne. Machen Sie die Garprobe: Drücken Sie mit dem Daumen auf das Filet. Gibt es elastisch nach, ist es medium. Die Kerntemperatur im Fleisch sollte für ein medium-rare Filet 50–52 °C, für ein medium Filet etwa 60 °C betragen.

# Erdbeersorbet

ZUTATEN FÜR 4 PERSONEN

150 g Zucker

700 g Erdbeeren

Saft von ½ Zitrone

1 Eiweiß

Erdbeeren (zum Garnieren)

ZUBEREITUNGSZEIT: 25 MINUTEN
GEFRIERZEIT: 5 STUNDEN

1 Den Zucker mit 150 ml Wasser in einem Topf zum Kochen bringen und köcheln, bis der Zucker sich vollständig aufgelöst hat. Den Topf vom Herd nehmen und den Zuckersirup vollständig auskühlen lassen.

2 In der Zwischenzeit die Erdbeeren putzen, waschen und klein schneiden. Die Beeren mit dem Zitronensaft in einem Mixer oder mit einem Pürierstab fein pürieren und mit dem Zuckersirup mischen.

3 Die Masse in ein flaches, gefriergeeignetes Gefäß füllen und 5 Stunden ins Gefrierfach stellen. Dabei das Sorbet alle halbe Stunde durchrühren, damit sich keine großen Eiskristalle bilden. Nach der Hälfte der Gefrierzeit das Eiweiß steif schlagen und unterheben.

4 Das fertige Sorbet mit einem Löffel abstechen, in Schälchen anrichten und nach Belieben mit frischen Erdbeeren servieren.

## TIPP

Wenn Sie eine Eismaschine besitzen, können Sie das Erdbeersorbet damit schneller herstellen. Bereiten Sie die Grundmasse nach Rezept zu und stellen Sie dann das Sorbet in der Eismaschine nach Gebrauchsanleitung fertig. Beachten Sie, dass bei manchen Eismaschinen der Kühlakku bis zu 12 Stunden vorgekühlt werden muss.

# Holunderauflauf

1 Den Backofen auf 180 °C (Umluft) vorheizen.

2 Eine Auflaufform mit Butter einfetten. Die Eier mit dem Zucker und dem Vanillezucker schaumig schlagen.

3 Das Mehl, das Salz, das Backpulver, den Quark und die Milch zur Eimasse geben und gut unterrühren.

4 Die Holunderbeeren waschen, von den Stielen streifen und gut abtropfen lassen. Die Beeren mit etwas Mehl bestauben und unter die Masse heben.

5 Die Masse in die Auflaufform füllen und im Ofen etwa 35 Minuten backen. Den Holunderauflauf herausnehmen, Stücke herausstechen, auf Tellern anrichten und mit Puderzucker bestaubt servieren.

**ZUTATEN FÜR 4 PERSONEN**

Butter (für die Form)
4 Eier
etwa 50 g Zucker
2 EL Vanillezucker
75 g Mehl
1 Prise Salz
1 Msp. Backpulver
100 g Quark
75 ml Milch
750 g Holunderbeeren
Mehl (für die Holunderbeeren)
Puderzucker (zum Bestauben)

ZUBEREITUNGSZEIT: 30 MINUTEN
BACKZEIT: 35 MINUTEN

# Himbeertörtchen

1 Den Backofen auf 220 °C (Umluft) vorheizen.

2 Die Himbeeren waschen und vorsichtig trocken tupfen.

3 Die Eier mit dem Puderzucker schaumig schlagen. Das Mehl und die Milch unterrühren.

4 Die Förmchen mit Butter ausstreichen und die Masse hineinfüllen. Die Himbeeren darauf verteilen, vorsichtig etwas in die Masse drücken und im vorgeheizten Backofen etwa 25 Minuten goldbraun backen.

5 Die Himbeertörtchen aus dem Ofen nehmen und kurz auskühlen lassen. Die Törtchen noch lauwarm mit Puderzucker bestauben und servieren.

ZUTATEN FÜR 4 PERSONEN (4 RUNDE FÖRMCHEN, JEWEILS 6–8 CM DURCHMESSER)

400 g Himbeeren

4 Eier

60 g Puderzucker

90 g Mehl

225 ml Milch

Butter (für die Förmchen)

Puderzucker (zum Bestauben)

ZUBEREITUNGSZEIT: 20 MINUTEN
BACKZEIT: 25 MINUTEN

# Käsekuchen
## mit Sauerkirschen

**ZUTATEN FÜR 1 SPRINGFORM (26 CM DURCHMESSER)**

500 g Sauerkirschen
125 g weiche Butter
200 g Zucker
1 Päckchen Vanillezucker
4 EL Limettensaft
4 Eier
1 kg Topfen oder abgetropfter Magerquark
4 EL Grieß
1 Päckchen Backpulver
1 Päckchen Vanillepuddingpulver
Puderzucker (zum Bestauben)

ZUBEREITUNGSZEIT: 25 MINUTEN
BACKZEIT: 1 STUNDE 10 MINUTEN
RUHEZEIT: 30 MINUTEN

1 Die Kirschen waschen, die Stiele entfernen und die Früchte entsteinen.

2 Die Form mit Backpapier auslegen. Den Backofen auf 175 °C (Ober- und Unterhitze) vorheizen.

3 Die Butter mit 100 g Zucker schaumig schlagen. Den Vanillezucker und den Limettensaft dazugeben und alles zu einer glatten Creme schlagen. Die Eier trennen. Zuerst nacheinander die Eigelbe unter die Buttercreme rühren, dann den Topfen.

4 Den Grieß mit dem Backpulver und dem Puddingpulver mischen. Die Mischung langsam in die Creme einrieseln lassen und unterrühren. Die Eiweiße mit dem restlichen Zucker sehr steif schlagen. Den Eischnee vorsichtig unterheben.

5 Die Hälfte der Quarkmasse in die vorbereitete Form füllen, glatt streichen. Die Hälfte der Kirschen darauf verteilen. Die restliche Quarkmasse auf die Kirschen geben, wiederum glatt streichen und die restlichen Kirschen darauf verteilen.

6 Den Kuchen im Backofen etwa 70 Minuten backen. Bräunt der Kuchen zu schnell, diesen frühzeitig mit Alufolie abdecken. Um sicher zu sein, dass der Kuchen gar ist, mit einem Holzstäbchen in den Kuchen stechen und herausziehen. Klebt Quarkmasse daran, den Kuchen noch einige Minuten weiterbacken.

7 Den fertigen Kuchen am Rand lösen, etwa 30 Minuten in der Form ruhen lassen. Anschließend den Kuchen ganz aus der Form nehmen und vor dem Servieren mit Puderzucker bestauben.

# Herbst

# Kürbiscremesuppe

**ZUTATEN FÜR 4 PERSONEN**

200 g Karotten
400 g Kürbis (z. B. Muskat- oder Butternusskürbis)
1 Stück frischer Ingwer (1 ½ cm)
1 Zwiebel
3 Äpfel
Saft von 1 Zitrone
2 EL Butter
800 ml Gemüsebrühe
150 ml Sahne
Salz
frisch gemahlener Pfeffer
frisch geriebene Muskatnuss
1 TL Currypulver
Petersilienblättchen (zum Garnieren)

ZUBEREITUNGSZEIT: 30 MINUTEN
GARZEIT: 30 MINUTEN

1 Die Karotten, den Kürbis, den Ingwer und die Zwiebel schälen. Den Kürbis halbieren und von den Kernen befreien. Die Karotten, den Ingwer, die Zwiebel und den Kürbis in grobe Würfel schneiden.

2 Die Äpfel waschen, 2 davon schälen, vierteln und das Kerngehäuse entfernen. Die beiden Äpfel würfeln, dann mit etwas Zitronensaft mischen.

3 In einem Topf die Butter zerlassen und die Zwiebel darin glasig anschwitzen. Den Kürbis und die Karotten zugeben, kurz mitschwitzen, dann die Brühe angießen.

4 Die Apfelwürfel in den Topf geben und alles bei mittlerer Hitze etwa 25 Minuten köcheln lassen. Die Suppe mit einem Pürierstab pürieren. Von der Sahne 100 ml einrühren und bei Bedarf noch etwas Brühe angießen.

5 Die Suppe mit Salz, Pfeffer, Muskat und Curry abschmecken.

6 Den übrigen Apfel vierteln, das Kerngehäuse entfernen und die Apfelviertel raspeln. Die Raspel mit Zitronensaft mischen. Die restliche Sahne nicht ganz steif schlagen.

7 Die Suppe in Schälchen füllen, mit einem Klecks Sahne, einigen Apfelraspeln sowie Petersilienblättchen garnieren und sofort servieren.

# Vier Salate mit Roter Bete, Karotten, Erbsen oder Rotkohl

ZUTATEN FÜR 4 PERSONEN

**Für den Rote-Bete-Salat:**
600 g Rote Bete · ½ Zimtstange
½ TL Fenchelsamen
½ Stange Süßholz · Salz
1 EL frisch geriebener Meerrettich
1–2 EL Zitronensaft · 3 EL Olivenöl
frisch gemahlener Pfeffer
1 unbehandelte Zitrone

ZUBEREITUNGSZEIT: 30 MINUTEN
GARZEIT: 1 STUNDE

**Für den Apfel-Karotten-Salat:**
600 g Karotten · 2 Äpfel
2–3 EL Zitronensaft · 4 EL Olivenöl
Salz · frisch gemahlener Pfeffer · Zucker
Minzeblättchen (zum Garnieren)

ZUBEREITUNGSZEIT: 20 MINUTEN

**Für die Erbsen:**
600 g grüne Erbsen · Salz
5 Stängel Dill · 150 g Butter
100–120 g Semmelbrösel
frisch gemahlener Pfeffer

ZUBEREITUNGSZEIT: 30 MINUTEN

**Für den Rotkohlsalat:**
600 g Rotkohl · 5 EL Rotweinessig
1 EL Apfelsaft · 1 EL Olivenöl
2 EL Honig · 1 Msp. Piment
1 Msp. gemahlene Nelken
1 Msp. Zimt · Salz · frisch gemahlener Pfeffer
100 g geschälte Walnusskerne

ZUBEREITUNGSZEIT: 30 MINUTEN

1 **Für den Rote-Bete-Salat** (links oben im Bild) die Rote Bete waschen, in einen kleinen Topf geben und knapp mit Wasser bedecken. Die Zimtstange mit den Fenchelsamen, dem Süßholz und ½ Teelöffel Salz dazugeben. Alles zum Kochen bringen und bei mittlerer Hitze 45–60 Minuten garen.
Die Rote Bete kalt abschrecken, dann schälen und fein reiben. Die Rüben mit dem Meerrettich, dem Zitronensaft und dem Öl vermengen.
Den Rote-Bete-Salat mit Salz und Pfeffer abschmecken und in Schälchen füllen. Die Zitrone heiß abwaschen, trocken tupfen und in Spalten schneiden. Den Rote-Bete-Salat mit je einer Zitronenspalte garniert servieren.

2 **Für den Apfel-Karotten-Salat** (rechts oben im Bild) die Karotten und die Äpfel schälen. Die Äpfel vierteln, das Kerngehäuse entfernen. Die Apfelviertel mit den Karotten grob raspeln.
Beides mit dem Zitronensaft und Öl vermengen, anschließend mit Salz, Pfeffer und 1 Prise Zucker abschmecken. Den Karottensalat kurz durchziehen lassen und in Schälchen anrichten. Nach Belieben mit Minzeblättchen garniert servieren.

3 **Für die Erbsen** (links unten im Bild) die Erbsen in kochendem Salzwasser 3–4 Minuten blanchieren, dann abgießen, mit kaltem Wasser abschrecken und gut abtropfen lassen.
Den Dill abbrausen, trocken tupfen, die Spitzen von den Stielen zupfen und grob hacken.
In einer Pfanne die Butter zerlassen, die Brösel einstreuen und leicht bräunen. Die Erbsen untermischen und kurz durchschwenken. Die Erbsen mit Salz und Pfeffer würzen, in Schälchen füllen und leicht abkühlen lassen. Mit dem Dill bestreut servieren.

4 **Für den Rotkohlsalat** (rechts unten im Bild) den Rotkohl putzen, vierteln und den Strunk herausschneiden. Die Rotkohlviertel quer in Streifen schneiden, in eine Schüssel geben und mit kochendem Wasser begießen. Die Kohlstreifen 5 Minuten ziehen lassen, dann abgießen und abtropfen lassen.
Den Essig mit dem Saft, dem Öl und dem Honig verrühren. Piment, Nelken sowie Zimt zugeben und mit Salz und Pfeffer abschmecken.
Die Nüsse halbieren und in einer heißen Pfanne ohne Fett rösten, bis sie duften. Die Nusshälften herausnehmen, abkühlen lassen und grob hacken.
Die Nüsse mit der Vinaigrette unter den Rotkohl mischen. Den Rotkohlsalat kurz durchziehen lassen und in Schälchen angerichtet servieren.

# Bier-Zwiebel-Suppe
## mit überbackenen Käsebroten

1  Die Zwiebeln schälen und in dünne Ringe schneiden.

2  Das Öl in einem Topf erhitzen und die Zwiebeln 10–15 Minuten weich dünsten. Anschließend die Zwiebelringe mit Zucker, Salz und Pfeffer würzen und weitere 10 Minuten unter gelegentlichem Rühren dünsten, bis sie hellbraun sind. Dann die Brühe und das Bier aufgießen, die Suppe zum Kochen bringen und weitere 15 Minuten köcheln lassen.

3  Den Knoblauch schälen und durch eine Knoblauchpresse in die Suppe pressen. Die Suppe mit Zitronensaft, Thymian, Salz und Pfeffer abschmecken.

4  Den Backofengrill auf höchste Stufe vorheizen.

5  Die Brotstücke der Länge nach aufschneiden. Den Käse reiben und auf die Brotscheiben streuen. Die Käsebrote unter dem Backofengrill 5 Minuten gratinieren, bis der Käse geschmolzen ist. Die Käsebrote mit Thymian garnieren und sofort mit der Zwiebelsuppe servieren.

**ZUTATEN FÜR 4 PERSONEN**

700 g Zwiebeln
2 EL Öl · 1 TL Zucker
Salz · frisch gemahlener Pfeffer
1 l Fleischbrühe
200 ml Bier
2 Knoblauchzehen
1–2 TL Zitronensaft
1 TL frisch gehackter Thymian
4 Stück Baguette oder Weißbrot
80 g Greyerzer
Thymianzweige (zum Garnieren)

ZUBEREITUNGSZEIT: 40 MINUTEN
GARZEIT: 30 MINUTEN
GRILLZEIT: 5 MINUTEN

# Schwammerlknödel

1 Für die Knödel die Schalotte schälen und fein hacken. Die Butter in einer Pfanne zerlassen und die Schalotte darin anschwitzen.

2 Die Pfifferlinge putzen, hacken und zur Schalotte geben. Die Pilze unter Rühren mitbraten, bis die gesamte Flüssigkeit in der Pfanne verdampft ist. Dann die Pfanne vom Herd nehmen und die Pilze kurz abkühlen lassen.

3 Für die Knödel das Knödelbrot in eine Schüssel geben, mit der lauwarmen Milch übergießen und kurz ziehen lassen. Dann die Eier, die Petersilie, die Schalotte sowie die Pilze dazugeben, mit Salz und Pfeffer würzen und alles gut vermengen. Die Knödelmasse etwa 10 Minuten ziehen lassen.

4 Aus der Masse runde Knödel formen. In einem Topf reichlich Salzwasser aufkochen, die Knödel hineinlegen und im köchelnden Wasser etwa 20 Minuten gar ziehen lassen.

5 Für die Rahmsauce die Schalotte schälen und fein hacken. In der Pfanne, in der die Pilze gebraten wurden, die Butter zerlassen und darin die Schalotte anschwitzen.

6 Den Knoblauch schälen und durch eine Knoblauchpresse in die Pfanne drücken. Den Thymian und den Rosmarin in die Pfanne geben und kurz anbraten, dann alles mit dem Wein ablöschen und die Gemüsebrühe angießen. Die Flüssigkeit einige Minuten reduzieren.

7 Die Sahne dazugeben und die Sauce etwa 10 Minuten sämig einköcheln lassen. Nach Belieben die Sauce kurz mit einem Pürierstab aufmixen, dann mit Salz und Pfeffer abschmecken. Zum Schluss den Majoran einrühren und die Sauce zu den Schwammerlknödeln servieren.

ZUTATEN FÜR 4 PERSONEN

**Für die Knödel:**

1 Schalotte · 1 EL Butter · 400 g frische Pfifferlinge
500 g Knödelbrot · 250 ml lauwarme Milch
3 Eier · 2 EL frisch gehackte Petersilie
Salz · frisch gemahlener Pfeffer

**Für die Sauce:**

1 Schalotte · 1 EL Butter · 1 Knoblauchzehe
je 1 TL frisch gehackter Thymian und Rosmarin
100 ml trockener Weißwein · 200 ml Gemüsebrühe
250 ml Sahne · 2 EL frisch gehackter Majoran

ZUBEREITUNGSZEIT: 35 MINUTEN
GARZEIT: 25 MINUTEN

# Gebackener Kürbis

ZUTATEN FÜR 4 PERSONEN
4 kleine Hokkaidokürbisse
Pflanzenöl (für das Backblech)
2 EL flüssiger Honig
1 EL Zitronensaft
1 TL Kümmelsamen
1 TL Koriandersamen
6 EL Olivenöl
Meersalz
frisch gemahlener Pfeffer

ZUBEREITUNGSZEIT: 30 MINUTEN
GARZEIT: 40 MINUTEN

1 Den Backofen auf 180 °C (Ober- und Unterhitze) vorheizen.

2 Die Kürbisse waschen, halbieren und mit der Schnittfläche nach oben auf ein geöltes Backblech setzen.

3 Den Honig mit dem Zitronensaft, dem Kümmel, dem Koriander und dem Olivenöl verrühren und die Kürbisse damit bestreichen. Die Kürbisse im vorgeheizten Ofen etwa 40 Minuten backen, bis sie weich sind und beginnen, braun zu werden. Dabei immer wieder die Schnittflächen mit der Marinade bestreichen.

4 Die Kürbishälften aus dem Ofen nehmen und mit Salz und Pfeffer bestreut servieren.

## TIPP

Die Kürbisse aus dem Ofen sind eine leckere Vorspeise, passen aber auch als Beilage zu Fleischgerichten. Wenn Sie die Kürbiskerne lieber vor dem Backen entfernen wollen, schaben Sie sie vorsichtig mit einem Esslöffel heraus. Nach dem Backen geht dies jedoch einfacher. Zudem schützen die Kerne das Fruchtfleisch vor dem Austrocknen beim Backen.

# Glasierte Esskastanien
## mit Moosbeeren und Thymian

**ZUTATEN FÜR 4–6 PERSONEN**

400 g Esskastanien (Maroni)
200 g Moosbeeren
4 Stängel Thymian
40 g Butter
100 g Zucker
100 ml Portwein
½ TL Speisestärke
3 EL trockener Rotwein

ZUBEREITUNGSZEIT: 40 MINUTEN
GARZEIT: 30 MINUTEN

1 Den Backofen auf 220 °C (Ober- und Unterhitze) vorheizen.

2 Die Esskastanien kreuzweise einschneiden und in der Pfanne oder im heißen Backofen rösten, bis die Schale gebräunt und das Innere goldgelb und leicht angeröstet ist. Die Esskastanien leicht abkühlen lassen, dann schälen.

3 Die Moosbeeren verlesen, putzen, waschen und gut abtropfen lassen. Den Thymian waschen und trocken tupfen.

4 Die Butter mit dem Zucker in einer Pfanne schmelzen. Die Moosbeeren, die Esskastanien und den Thymian zugeben, kurz durchschwenken und mit dem geschmolzenen Zucker überziehen (glasieren).

5 Anschließend alles mit dem Portwein ablöschen. Den Portwein bei mittlerer Hitze etwa 5 Minuten köcheln lassen. Die Stärke mit dem Rotwein glatt rühren, mit der Portweinsauce verrühren und diese so binden. Nochmals kurz köcheln lassen.

6 Das Kastaniengemüse mit der Sauce in eine Schüssel füllen und sofort servieren.

# Herbstlicher Blattsalat
## mit Pilzen und Käse

1 Die Salatblätter putzen, waschen, trocken schleudern und bei Bedarf in mundgerechte Stücke zupfen. Die Salatblätter in eine große Salatschüssel füllen.

2 Die Zwiebel schälen und in sehr dünne Streifen schneiden. Die Pilze putzen, abreiben und bei Bedarf klein schneiden. Das Öl in einer Pfanne erhitzen und die Pilze darin bei mittlerer Hitze unter gelegentlichem Schwenken anbraten.

3 Den Knoblauch schälen, durch eine Knoblauchpresse zu den Pilzen pressen und den Thymian sowie den Rosmarin untermischen. Die Pilze so lange braten, bis die Flüssigkeit in der Pfanne vollständig verdampft ist. Die Pilze mit Salz und Pfeffer würzen, dann die Pfanne vom Herd nehmen.

4 Für die Vinaigrette den Essig mit dem Öl verrühren, mit Salz und Pfeffer abschmecken. Die Vinaigrette unter den Salat mischen, dabei die Zwiebel untermengen.

5 Den Salat auf Teller verteilen, die Pilze darauf anrichten und mit frisch gehobeltem Käse bestreuen.

**ZUTATEN FÜR 4 PERSONEN**

250 g gemischter Blattsalat (z. B. Lollo Rosso, Eisbergsalat, Rauke)

1 rote Zwiebel

500 g gemischte Waldpilze (z. B. Steinpilze, Pfifferlinge, Braunkappen)

1 EL Pflanzenöl (zum Braten)

1 Knoblauchzehe

½ TL frisch gehackter Thymian

½ TL frisch gehackter Rosmarin

Salz

frisch gemahlener Pfeffer

2 EL Weißweinessig

4 EL Olivenöl

50 g Greyerzer, frisch gehobelt

**ZUBEREITUNGSZEIT: 30 MINUTEN**

# Gebratener Hecht
## mit Pflaumen

**ZUTATEN FÜR 4 PERSONEN**

1 Hecht, küchenfertig
(ohne Kopf und Schwanz
etwa 60 cm lang)
Salz
frisch gemahlener Pfeffer
3 EL Pflanzenöl
200 ml trockener Weißwein
150 ml Apfelsaft
400 g frische Pflaumen
1 TL schwarze Pfefferkörner
1 EL rote Pfefferkörner
2 EL Pflaumenmus
½ TL Zimt
Petersilienblättchen
(zum Garnieren)

ZUBEREITUNGSZEIT: 45 MINUTEN
GARZEIT: 40 MINUTEN

1 Den Backofen auf 100 °C (Ober- und Unterhitze) vorheizen.

2 Den Hecht waschen, trocken tupfen und in 12 gleich große Stücke teilen. Die Fischstücke innen und außen mit Salz und Pfeffer würzen. Das Öl in einer großen Pfanne erhitzen und darin den Fisch von jeder Seite 3–5 Minuten goldgelb anbraten. Die Fischstücke herausnehmen, auf einen Teller legen und mit Alufolie abgedeckt im Ofen warm halten.

3 Den Bratensatz in der Pfanne mit dem Weißwein und dem Apfelsaft ablöschen und die Flüssigkeit etwa 10 Minuten bei mittlerer Hitze reduzieren. Löst sich der Bratensatz nicht, den Satz mit einem Holzlöffel vom Pfannenboden schaben.

4 Die Pflaumen waschen, halbieren, entkernen und zusammen mit den Pfefferkörnern und dem Pflaumenmus in den Sud geben. Diesen mit Salz und Zimt abschmecken und weitere 6–10 Minuten köcheln lassen.

5 Je 3 Hechtstücke auf einem vorgewärmten Teller anrichten, einige Pflaumen dazugeben, mit der Pflaumensauce beträufeln und mit Petersilienblättchen garniert servieren. Die übrige Pflaumensauce separat dazu reichen.

# Schweinefilet
## im Blätterteig mit Pilzen

**ZUTATEN FÜR 4 PERSONEN**

- 350 g TK-Blätterteig
- 600 g Schweinefilet
- 2 EL Butter
- 1 EL Öl
- Salz
- frisch gemahlener Pfeffer
- 250–300 g gemischte Pilze (z. B. Steinpilze, Champignons, Braunkappen, Pfifferlinge)
- 1 Schalotte
- 1 Knoblauchzehe
- 2 EL Olivenöl
- ½ TL frisch gehackter Thymian
- ½ TL frisch gehackter Rosmarin
- 1 EL frisch gehackte Petersilie
- Mehl (für die Arbeitsfläche)
- 1 Ei

ZUBEREITUNGSZEIT: 40 MINUTEN
GARZEIT: 50 MINUTEN

1 Die Blätterteigplatten nebeneinanderlegen und auftauen lassen.

2 Das Filet waschen, trocken tupfen und von Fett und Sehnen befreien (parieren).

3 Eine Pfanne erhitzen, dann die Butter und das Öl hineingeben. Das Schweinefilet darin rundherum anbraten. Das Fleisch herausnehmen, mit Salz und Pfeffer würzen, dann beiseitestellen.

4 Die Pilze putzen, mit Küchenpapier abreiben und klein schneiden. Die Schalotte und den Knoblauch schälen, dann fein würfeln. In einer heißen Pfanne das Öl erhitzen und darin die Schalotte und den Knoblauch glasig schwitzen. Die Pilze zugeben und mitbraten, bis die gesamte Flüssigkeit in der Pfanne verdampft ist. Den Thymian, den Rosmarin und die Petersilie untermischen, mit Salz und Pfeffer abschmecken.

5 Den Backofen auf 180 °C (Umluft) vorheizen.

6 Den Blätterteig auf einer bemehlten Arbeitsfläche so ausrollen, dass das Filet damit eingehüllt werden kann. Die Pilzmasse auf einer Hälfte des Blätterteigrechtecks verteilen, dabei einen fingerbreiten Rand stehen lassen.

7 Das Ei trennen und die Ränder mit Eiweiß bestreichen. Das Filet auf die Pilzmasse legen, die andere Teighälfte darüberschlagen und die Ränder an den Seiten fest zusammendrücken. Die Blätterteigrolle auf ein mit Backpapier belegtes Backblech setzen und mit dem Eigelb bestreichen.

8 Das Filet im Backofen etwa 40 Minuten goldgelb backen, anschließend aus dem Ofen nehmen und in Stücke teilen. Die Filetstücke auf vorgewärmten Tellern anrichten und servieren.

# Hirschrücken

## mit Kastaniensauce

**ZUTATEN FÜR 4 PERSONEN**

350 g Esskastanien (Maroni)

600 g Hirschrücken, küchenfertig und ausgelöst

2 EL Pflanzenöl

Salz

frisch gemahlener Pfeffer

1 Zwiebel

1 Knoblauchzehe

100 ml trockener Rotwein

150 ml Wildfond

2 EL Cognac

1 EL Preiselbeeren (aus dem Glas)

50 ml Sahne

ZUBEREITUNGSZEIT: 30 MINUTEN
GARZEIT: 30 MINUTEN

1 Die Esskastanien kreuzweise einschneiden und in der Pfanne oder im heißen Backofen (220 °C, Ober- und Unterhitze) rösten, bis die Schale gebräunt und das Innere goldgelb und leicht angeröstet ist. Die Kastanien abkühlen lassen.

2 Den Backofen auf 140 °C (Ober- und Unterhitze) vorheizen, oder wenn die Kastanien im Backofen geröstet wurden, die Temperatur auf 140 °C reduzieren.

3 Den Hirschrücken waschen, trocken tupfen und von Fett und Sehnen befreien (parieren). Das Fleisch mit Küchengarn in Form binden. In einer heißen Pfanne das Öl erhitzen und das Fleisch darin rundherum scharf anbraten. Das Hirschfleisch mit Salz und Pfeffer würzen, auf ein geöltes Backblech legen und im Ofen 20–25 Minuten rosa garen.

4 Die Zwiebel und den Knoblauch schälen, fein hacken und in der Bratenpfanne glasig schwitzen.

5 Von den Esskastanien 200 g mit etwa 8 Esslöffeln Wasser in einem Mixer oder mit einem Pürierstab fein pürieren. Die restlichen Kastanien halbieren, zu der Zwiebelmischung in die Pfanne geben, kurz mitschwitzen und mit dem Wein ablöschen.

6 Den Fond und den Cognac angießen und die pürierten Kastanien sowie die Preiselbeeren einrühren. Mit Salz und Pfeffer abschmecken, die Sahne untermischen und die Sauce bei mittlerer Hitze etwa 10 Minuten köcheln lassen.

7 Den Hirschrücken aus dem Ofen nehmen und kurz ruhen lassen. Das Küchengarn entfernen und das Fleisch in Scheiben schneiden. Die Hirschrückenscheiben mit der Kastaniensauce servieren.

## TIPP

Für ein richtiges Festmahl servieren Sie den Hirschrücken mit den Schwammerlknödeln (siehe Seite 89). Die gebackenen Kürbisse (siehe Seite 90) sind eine leichtere Beilage, die Sie gleichzeitig mit dem Hirschrücken im Backofen zubereiten können. Schieben Sie die Kürbisse dabei 20 Minuten vor dem Fleisch auf oberster Schiene bei 140 °C in den Ofen. Lassen Sie das Fleisch dann auf einer unteren Schiene garen. Sollten die Kürbisse nicht zusammen mit dem Fleisch gar sein, nehmen Sie das Fleisch heraus und backen Sie die Kürbisse bei 180 °C nochmals 10–15 Minuten.

# Kohleintopf
## mit Wildschweinwurst

1 Den Backofen auf 200 °C (Ober- und Unterhitze) vorheizen.

2 Die Haut von der Wurst entfernen und die Wurst in mundgerechte Stücke schneiden.

3 Die Zwiebeln schälen und fein würfeln. Den Kohl putzen, vierteln, waschen, vom harten Strunk befreien und in schmale Streifen schneiden. Den Thymian waschen, trocken schütteln und die Blättchen abstreifen. Die eingelegten Tomaten gut abtropfen lassen und in Streifen schneiden.

4 In einem Topf das Schmalz zerlassen und die Zwiebeln darin glasig anschwitzen. Die Kohlstreifen dazugeben, kurz mitschwitzen. Dann die Wurst untermischen und die Tomaten, den Thymian, die Lorbeerblätter sowie die Pfefferkörner dazugeben. Alles kurz anbraten, dann mit Salz und Pfeffer würzen.

5 Die Kohl-Wurst-Mischung in eine ofenfeste Auflaufform geben und den Wein und die Brühe angießen. Den Auflauf im Ofen etwa 30 Minuten schmoren, dabei gelegentlich umrühren.

6 Den Kohlauflauf aus dem Ofen nehmen und sofort servieren.

**ZUTATEN FÜR 4 PERSONEN**
300 g Wildschweinwurst
2 Zwiebeln · 1 Weißkohl (etwa 1 kg)
½ Bund Thymian
80 g getrocknete, in Öl eingelegte Tomaten
2 EL Schweineschmalz · 2 Lorbeerblätter
3 Pfefferkörner · Salz · frisch gemahlener Pfeffer
150 ml trockener Weißwein
150 ml Gemüsebrühe

ZUBEREITUNGSZEIT: 30 MINUTEN
GARZEIT: 35 MINUTEN

**TIPP**

Statt Wildschweinwurst eignen sich auch Salami und andere Wurstsorten nach Ihrem Geschmack. Natürlich schmeckt der Auflauf auch ohne Wurst oder z. B. mit Kartoffeln.

# Rehrücken
## mit Moosbeeren-Blaukraut

1 Den Backofen auf 160 °C (Ober- und Unterhitze) vorheizen.

2 Den Rehrücken waschen, trocken tupfen und bei Bedarf Fett und Sehnen entfernen (parieren). Mit einem scharfen Messer das Fleisch entlang dem Knochen etwas lösen, aber nicht abtrennen.

3 Die Wacholderbeeren mit dem Pfeffer und etwas Salz in einem Mörser zerstoßen und das Fleisch damit einreiben. Einen Bräter einfetten, das Fleisch hineinlegen, mit etwas zerlassener Butter beträufeln und mit Speckscheiben belegen.

4 Das Suppengrün schälen bzw. putzen. Die Zwiebel schälen. Alles grob würfeln und zum Fleisch geben. Den Wein angießen und den Rehrücken im Ofen etwa 40 Minuten schmoren. Den Speck entfernen, etwas Fond angießen und den Rehrücken weitere 30 Minuten schmoren, dabei nach und nach den restlichen Fond angießen.

5 In der Zwischenzeit für das Blaukraut den Kohl putzen, vierteln, vom harten Strunk befreien und die Kohlviertel in feine Streifen schneiden oder hobeln. Die Zwiebel schälen und in feine Streifen schneiden. In einem Topf das Butterschmalz zerlassen und darin die Zwiebel anschwitzen. Den Kohl zugeben, kurz mitschwitzen und mit dem Saft ablöschen. Die Nelken und die Zimtstange dazugeben und das Kraut bei mittlerer Hitze 20–25 Minuten dünsten.

6 Die Moosbeeren verlesen, waschen und zum Blaukraut geben. Das Kraut weitere 20 Minuten dünsten, dann mit Salz und Pfeffer abschmecken.

7 Den Rehrücken aus dem Ofen nehmen und abgedeckt etwa 10 Minuten ruhen lassen. Den Bratenfond durch ein feines Sieb passieren, das Gemüse dabei gut ausdrücken. Den Fond erhitzen und die Crème fraîche unterrühren. Die Sauce sämig einköcheln lassen, anschließend mit Salz und Pfeffer abschmecken.

8 Den Rehrücken vom Knochen lösen. Das Fleisch in Scheiben schneiden und mit dem Moosbeeren-Blaukraut servieren. Die Sauce separat dazu reichen.

ZUTATEN FÜR 4 PERSONEN

### Für den Rehrücken:

1 Rehrücken (etwa 1,3 kg), küchenfertig und mit Knochen · 1 EL Wacholderbeeren

frisch gemahlener Pfeffer · Salz

Butter (für den Bräter) · 40 g zerlassene Butter

6 Scheiben Bauchspeck, halbiert

1 Bund Suppengrün (1 Stück Knollensellerie, 1 Karotte, 1 Stück Lauch) · 1 Zwiebel

200 ml trockener Rotwein · 200 ml Wildfond

### Für das Blaukraut:

800 g Rotkohl · 1 Zwiebel · 30 g Butterschmalz

250 ml Apfelsaft · 2 Gewürznelken · 1 Zimtstange

200 g frische Moosbeeren · frisch gemahlener Pfeffer · Salz · 75 g Crème fraîche

ZUBEREITUNGSZEIT: 40 MINUTEN
GARZEIT: 1 STUNDE 15 MINUTEN

# Kalbsrollbraten
## mit Graupenrisotto

ZUTATEN FÜR 4–6 PERSONEN

**Für den Braten:**

3 Schalotten · 2 Knoblauchzehen

4 EL Olivenöl · 2 EL Pinienkerne

4 EL schwarze Oliven, ohne Stein

1 EL Kapern · 1 Bund Thymian

Salz · frisch gemahlener Pfeffer

1,25 kg Kalbsrollbraten (aus der Schulter), vom Metzger vorbereitet

Pflanzenöl (zum Einfetten)

150 ml trockener Weißwein

250 ml Kalbsbrühe

**Für den Risotto:**

1 Zwiebel · 1 Karotte

¼ Knolle Sellerie

½ Stange Lauch · 1 EL Pflanzenöl

200 g Graupen

1 l Gemüsebrühe

3 EL Bergkäse, frisch gerieben

2 EL frisch gehackte Petersilie

Salz · frisch gemahlener Pfeffer

ZUBEREITUNGSZEIT: 45 MINUTEN
GARZEIT: 1 STUNDE 30 MINUTEN

1 Den Backofen auf 180 °C (Ober- und Unterhitze) vorheizen.

2 Für die Füllung die Schalotten und den Knoblauch schälen und fein hacken. Eine Pfanne erhitzen, das Öl dazugeben und darin die Pinienkerne, die Schalotten sowie den Knoblauch anschwitzen.

3 Die Oliven und die Kapern hacken. Den Thymian waschen, trocken schütteln und die Blättchen abstreifen. Die Oliven, die Kapern und den Thymian unter die Schalotten mischen und alles mit Salz und Pfeffer würzen.

4 Das Fleisch waschen, trocken tupfen, auf einer Arbeitsfläche ausbreiten und mit der Schalotten-Oliven-Masse bestreichen. Das Fleisch aufrollen, mit Küchengarn fest zusammenbinden, außen mit Salz und Pfeffer würzen, dann in einen gefetteten Bräter legen. Den Rollbraten im Ofen etwa 1½ Stunden garen, dabei gelegentlich wenden und nach und nach mit dem Wein und der Brühe begießen.

5 Für den Graupenrisotto die Zwiebel, die Karotte und den Sellerie schälen und in sehr kleine Würfelchen schneiden. Den Lauch längs einschneiden, putzen, waschen und ebenfalls in kleine Würfelchen schneiden.

6 In einem Topf das Öl erhitzen und darin die Zwiebel glasig anschwitzen, die Graupen dazugeben, kurz mitschwitzen, dann die Brühe angießen. Die Graupen bei mittlerer Hitze etwa 40 Minuten köcheln lassen.

7 Erst 15 Minuten vor Ende der Garzeit des Risottos das gewürfelte Gemüse untermischen. Zum Schluss den Käse mit der Petersilie unterheben. Den Risoto mit Salz und Pfeffer abschmecken.

8 Den Braten aus dem Ofen nehmen, das Küchengarn entfernen. Den Kalbsrollbraten in Scheiben schneiden und mit dem Graupenrisotto auf vorgewärmten Tellern anrichten und servieren.

**TIPP**

Statt der Pinienkerne, Oliven und Kapern geben auch Haselnüsse und gedünsteter Blattspinat eine schmackhafte Füllung ab. Statt der Haselnüsse können Sie auch Mandeln oder Walnüsse verwenden. Größere Nüsse und Mandeln hacken Sie am besten vor dem Füllen.

# Tafelspitz
## mit Spitzkohl, Birnen und Schupfnudeln

**ZUTATEN FÜR 4 PERSONEN**

**Für die Schupfnudeln:**

700 g mehligkochende Kartoffeln

Salz

100 g Mehl

1 Ei

1 Eigelb

frisch geriebene Muskatnuss

2 EL Butter

2 EL Schnittlauchröllchen (zum Bestreuen)

**Für das Fleisch:**

700 g Hüftdeckel vom Rind (Tafelspitz)

Salz

frisch gemahlener Pfeffer

2 EL Pflanzenöl

50 g Meerrettich (zum Garnieren)

**Für den Spitzkohl:**

600 g Spitzkohl

1 Birne

1 EL Zitronensaft

1 EL Butter

1 TL Puderzucker

100 ml Gemüsebrühe

50 ml trockener Weißwein

Salz

frisch gemahlener Pfeffer

ZUBEREITUNGSZEIT: 45 MINUTEN
GARZEIT: 1 STUNDE

1 Für die Schupfnudeln die Kartoffeln schälen und in Salzwasser etwa 30 Minuten gar kochen, dann abgießen, durch die Kartoffelpresse drücken und ausdampfen lassen.

2 Den Kartoffelbrei mit Mehl, Salz, Ei, Eigelb und etwas Muskat vermischen. Den Teig etwas ruhen lassen.

3 Den Backofen auf 100 °C (Ober- und Unterhitze) vorheizen.

4 Das Fleisch waschen, trocken tupfen, dann mit Salz und Pfeffer würzen. Das Öl in einer Schmorpfanne oder in einem Bräter erhitzen und darin das Fleisch rundherum scharf anbraten. Den Tafelspitz im Ofen etwa 1 Stunde rosa garen.

5 Für das Gemüse den Spitzkohl putzen, vierteln, waschen und in feine Streifen schneiden. Die Birne waschen, vierteln, das Kerngehäuse entfernen und die Viertel in dünne Scheiben schneiden. Die Birnenstücke sofort mit dem Zitronensaft mischen.

6 In einer heißen Pfanne 1 Esslöffel Butter zerlassen, die Birnen zugeben und mit dem Puderzucker bestauben. Den Puderzucker leicht karamellisieren lassen, dann den Spitzkohl untermischen und mit der Brühe und dem Wein ablöschen. Den Kohl bei mittlerer Hitze etwa 5 Minuten köcheln lassen, anschließend mit Salz und Pfeffer würzen.

7 Den Kartoffelteig mit den Händen zu etwa fingerdicken, ungefähr 8 cm langen Schupfnudeln formen. Diese dann in reichlich siedendem Salzwasser etwa 5 Minuten gar ziehen lassen. Die Schupfnudeln mit einem Schaumlöffel herausheben und abtropfen lassen.

8 In einer weiteren Pfanne die Butter zerlassen und die Schupfnudeln kurz darin schwenken, anschließend mit Schnittlauchröllchen bestreuen.

9 Das Fleisch aus dem Ofen nehmen, kurz ruhen lassen, dann in dünne Scheiben schneiden. Die Tafelspitzscheiben mit dem Spitzkohlgemüse und den Schupfnudeln anrichten. Den Meerrettich frisch reiben und den Tafelspitz damit garnieren.

# Geschmorte Entenkeulen
## mit Trockenpflaumen und Äpfeln

**ZUTATEN FÜR 4 PERSONEN**

150 g getrocknete Pflaumen
150 ml trockener Rotwein
4 Entenkeulen, küchenfertig
Salz
Cayennepfeffer
2 EL Gänseschmalz
3 Äpfel (z. B. Boskop)
100 ml Geflügelfond
½ Bund Thymian
3 Lorbeerblätter
30 g zerlassene Butter
(zum Bestreichen)

ZUBEREITUNGSZEIT: 40 MINUTEN
GARZEIT: 1 STUNDE

1 Den Backofen auf 180 °C (Ober- und Unterhitze) vorheizen.

2 Die Pflaumen in Rotwein einlegen.

3 Die Entenkeulen waschen, trocken tupfen, dann mit Salz und Cayennepfeffer würzen. In einem heißen Bräter das Schmalz zerlassen und die Entenkeulen darin rundherum anbraten.

4 Die Äpfel waschen, halbieren, das Kerngehäuse entfernen und die Apfelhälften mit den Pflaumen und dem Wein zu den Keulen geben. Den Fond angießen. Den Thymian waschen, trocken schütteln und mit den Lorbeerblättern in den Bräter geben.

5 Die Entenkeulen im Ofen 45–60 Minuten bei geschlossenem Deckel schmoren lassen. Dabei die Entenkeulen gelegentlich mit zerlassener Butter bestreichen. Für eine Garprobe mit einer Fleischgabel eine Entenkeule an der dicksten Stelle einstechen. Tritt klarer Fleischsaft aus, ist die Ente gar, ansonsten 5–10 Minuten weiterschmoren.

6 Die Entenkeulen aus dem Ofen nehmen und mit den Äpfeln, Pflaumen sowie dem Bratensud servieren.

## TIPP

Eine klassische Beilage zu diesen Entenkeulen sind Kartoffelknödel (siehe Seite 142), eine elegante Begleitung sind auch die glasierten Esskastanien (siehe Seite 92)

# Gefüllte Wachteln
## auf Kohl

**ZUTATEN FÜR 4 PERSONEN**

4 Wachteln, küchenfertig
Salz · frisch gemahlener Pfeffer
1 Zwiebel · 1 kleiner Apfel
2 EL Butter · 2 Scheiben Toastbrot
1 EL Zitronensaft
1 TL frisch gehackter Rosmarin
Öl und nach Belieben Butter (zum Einfetten und Bestreichen)
300 g Rosenkohl · 300 g roter Rosenkohl
200 g Schalotten · 150 ml trockener Rotwein
250 ml Geflügelfond · 2 EL zerlassene Butter
frisch geriebene Muskatnuss
Rosmarinzweige (zum Garnieren)

ZUBEREITUNGSZEIT: 45 MINUTEN
GARZEIT: 40 MINUTEN

1 Den Backofen auf 200 °C (Ober- und Unterhitze) vorheizen.

2 Die Wachteln waschen, trocken tupfen, dann innen und außen mit Salz und Pfeffer einreiben.

3 Für die Füllung die Zwiebel und den Apfel schälen. Den Apfel halbieren, das Kerngehäuse entfernen. Den Apfel und die Zwiebel in kleine Würfel schneiden. In einer Pfanne 1 Esslöffel Butter erhitzen und die Zwiebel und den Apfel darin anschwitzen, anschließend auskühlen lassen.

4 Das Toastbrot entrinden, in Würfel schneiden und in der restlichen Butter in einer Pfanne anbraten. Die Apfel-Zwiebel-Masse daruntermischen und alles mit Zitronensaft, Rosmarin, Salz und Pfeffer würzen.

5 Die Wachteln mit der Füllung füllen und nach Belieben mit Küchengarn in Form binden. Die Wachteln mit Öl bestreichen und in einen gefetteten Bräter geben. Das Geflügel im Backofen 25–30 Minuten braten, dabei mehrfach mit Öl oder Butter bestreichen.

6 In der Zwischenzeit den Rosenkohl putzen, waschen und in kochendem Salzwasser 10–15 Minuten garen. Den Rosenkohl abgießen und abtropfen lassen.

7 Die Schalotten schälen. Die Wachteln aus dem Bräter nehmen und warm halten. In dem Bräter die Schalotten kurz anschwitzen, mit dem Rotwein und dem Fond ablöschen. Die Sauce auf die Hälfte reduzieren, dann mit Salz und Pfeffer abschmecken.

8 Den Rosenkohl halbieren und kurz in einer Pfanne in zerlassener Butter schwenken. Mit Salz, Pfeffer und Muskat würzen. Den Rosmarin waschen und trocken tupfen.

9 Die Wachteln auf einer Platte anrichten, den Rosenkohl und die Schalotten daneben verteilen, mit Rosmarin garnieren. Die Sauce separat dazu reichen.

# Gefülltes Perlhuhn
## mit Kartoffeln

1 Das Perlhuhn waschen, trocken tupfen, die Haut am Hals etwas nach oben ziehen und mithilfe der Hand die Haut vorsichtig vom Brustfleisch lösen, um später die Füllung unter die Haut geben zu können.

2 Die Schalotte sowie den Knoblauch schälen und fein hacken. Die frischen Pilze putzen und klein schneiden oder die getrockneten Pilze einweichen, abgießen und klein schneiden. In einer Pfanne 2 Esslöffel Butter erhitzen und die Schalotte mit dem Knoblauch glasig schwitzen. Die Pilze dazugeben, kurz mitschwitzen und mit dem Wein ablöschen. Die Pilze bei mittlerer Hitze so lange köcheln, bis die Flüssigkeit vollständig verdampft ist.

3 Die Petersilie waschen, trocken tupfen, die Blättchen abzupfen und fein hacken. Die Pilze vom Herd nehmen und abkühlen lassen. Das Toastbrot reiben und mit der Pilzmischung, der restlichen Butter und der Petersilie in einem Mixer pürieren.

4 Die Füllung mit dem Eigelb mischen, mit Salz und Pfeffer würzen und unter der Haut auf dem Brustfleisch verstreichen. Die Haut darüberlegen und leicht andrücken. Das Perlhuhn innen mit Salz und Pfeffer würzen. Die Schenkel zusammenbinden. Das Huhn mit der Brust nach oben in eine mit Backpapier ausgelegte ofenfeste Form legen.

5 Den Backofen auf 200 °C (Ober- und Unterhitze) vorheizen.

6 Die Kartoffeln gründlich waschen, längs halbieren, mit dem Olivenöl mischen und mit Salz sowie Pfeffer würzen. Die Kartoffeln um das Perlhuhn herum verteilen und beides im Ofen 50–60 Minuten braten. Den Thymian waschen, trocken schütteln, in kleine Stücke zupfen und 15 Minuten vor Ende der Garzeit einstreuen.

7 Das Perlhuhn an der dicksten Stelle mit einer Fleischgabel anstechen. Tritt klarer Fleischsaft aus, ist das Huhn gar, ansonsten weitere 5–10 Minuten braten.

8 Das Perlhuhn aus dem Ofen nehmen, mit den Kartoffeln anrichten und servieren.

ZUTATEN FÜR 4 PERSONEN

1 Perlhuhn (etwa 1,4 kg), küchenfertig

Salz · frisch gemahlener Pfeffer

**Für die Füllung:**

1 Schalotte · 1 Knoblauchzehe

100 g frische oder 15 g getrocknete Steinpilze

4 EL Butter · 50 ml trockener Weißwein

4 Stängel Petersilie · 80 g Toastbrot

1 Eigelb · Salz · frisch gemahlener Pfeffer

**Für die Kartoffeln:**

600 g kleine festkochende Kartoffeln

2 EL Olivenöl · Salz · frisch gemahlener Pfeffer

5 Zweige Thymian

ZUBEREITUNGSZEIT: 40 MINUTEN
GARZEIT: 1 STUNDE

# Apfelstrudel

ZUTATEN FÜR 1 STRUDEL
BZW. FÜR 6–8 PERSONEN

**Für den Teig:**

200 g Mehl

1 Ei

1 Prise Salz

2 EL Öl

**Für die Füllung:**

4 Äpfel (z. B. Boskop oder Braeburn)

½ Zitrone

50 g Weißbrotbrösel

2–3 EL Zucker

½ TL Zimt

40 g Rumrosinen

Mehl (zum Bestauben)

flüssige Butter (zum Bepinseln und für die Form)

6 EL Mandelblättchen, geröstet

Puderzucker (zum Bestauben)

ZUBEREITUNGSZEIT: 35 MINUTEN
RUHEZEIT: 30 MINUTEN
GARZEIT: 30 MINUTEN

1 Aus dem Mehl, dem Ei, dem Salz und dem Öl und etwa 125 ml lauwarmem Wasser einen glatten Teig kneten. Wenn der Teig nicht zusammenhält, noch etwas Wasser dazugeben. Den Teig zu einer Kugel formen, mit Öl bestreichen und abgedeckt 30 Minuten ruhen lassen.

2 Den Ofen auf 180 °C (Umluft) vorheizen.

3 Die Äpfel schälen, vierteln, das Kerngehäuse entfernen und die Viertel in kleine Stücke schneiden. Den Saft der Zitrone auspressen und unter die Apfelstücke rühren. Die Brösel, den Zucker, den Zimt und die Rumrosinen dazugeben und alles gut vermengen.

4 Ein sauberes Geschirrtuch mit Mehl bestauben. Den Teig darauf so dünn wie möglich ausrollen, es sollte ein Rechteck von etwa 30 x 50 cm entstehen. Bei Bedarf mit den Handrücken unter den Teig fahren und von der Mitte aus langsam und vorsichtig nach außen hauchdünn ausziehen, sodass keine Löcher entstehen. Den Strudelteig mit Butter bepinseln.

5 Die Apfel-Rosinen-Füllung in einem breiten Streifen auf dem Strudelteig verteilen, zum Rand etwa 5 cm frei lassen. Die Füllung mit Mandelblättchen bestreuen. Die Ränder nach innen einschlagen und den Strudel mithilfe des Geschirrtuches bis zum Ende aufrollen.

6 Eine Auflaufform oder ein Backblech mit Butter auspinseln und den Strudel mit der Nahtseite nach unten darauflegen. Den Strudel mit der restlichen flüssigen Butter bepinseln und im Ofen etwa 30 Minuten (je nach Dicke länger oder kürzer) goldbraun backen. Den Apfelstrudel in Stücke schneiden, mit Puderzucker bestauben und servieren.

# *Pochierte Birnen*

1 Die Zitrone heiß waschen, abtrocknen und schmale Streifen von der Schale schneiden oder mit einem Zestenreißer abschälen. Die Zitrone auspressen.

2 Den Weißwein mit etwa 200 ml Wasser, dem Zucker, dem Sternanis, der Zimtstange, Zitronenzesten und dem Zitronensaft aufkochen lassen.

3 Die Birnen schälen, das Kerngehäuse mithilfe eines Kugelausstechers von unten aus der Birne entfernen und die Birnen in den Sud legen, sodass alle Birnen bedeckt sind. Den Sud aufkochen lassen, dann die Birnen vom Herd nehmen. Sind die Birnen fester, diese bei Bedarf noch etwas länger köcheln lassen.

4 Die Birnen zugedeckt auskühlen lassen, dann auf Tellern anrichten, mit etwas Sud beträufeln und mit den Zitronenzesten garniert servieren.

ZUTATEN FÜR 4 PERSONEN

1 unbehandelte Zitrone

200 ml trockener Weißwein

4 EL Zucker

1 Sternanis

½ Zimtstange

4 Birnen (z. B. Williams Christ)

ZUBEREITUNGSZEIT: 30 MINUTEN

# Buchteln

## mit Portweinquitten

1 Für die Buchteln das Mehl in eine Schüssel sieben, in der Mitte eine Mulde formen. Die Hefe hineinbröckeln, 2 Teelöffel Zucker, etwas Milch und Mehl dazugeben und einen Vorteig anrühren. Diesen mit Mehl bestauben und zugedeckt an einem warmen Ort etwa 20 Minuten gehen lassen.

2 Die weiche Butter, Salz, die Eier, den Vanillezucker, den restlichen Zucker und die Zitronenschale in die Teigschüssel geben. Alle Zutaten mithilfe der Küchenmaschine oder mit den Knethaken des Rührgeräts zu einem geschmeidigen Teig zusammenkneten. Dabei so viel Milch zugeben, dass der Teig weich, aber nicht klebrig wird.

3 Den Hefeteig zugedeckt etwa 20 Minuten aufgehen lassen, bis er sein Volumen verdoppelt hat.

4 Die Backform oder einen Bräter mit Butter auspinseln und mit Mehl bestauben. Den Teig noch mal gut durchkneten und in 12 gleich große Stücke teilen. Die Teigstücke zu leicht flachen Scheiben drücken und mit je 1 Esslöffel Quittenkonfitüre füllen. Den Teig über der Füllung zusammendrücken, dann zu Kugeln formen.

5 Die Teigkugeln mit ein wenig Abstand in die Form setzen, mit der Sahne bestreichen und mit Zimtzucker bestreuen. Die Buchteln abgedeckt nochmals etwa 20 Minuten gehen lassen. In der Zwischenzeit den Backofen auf 180 °C (Ober- und Unterhitze) vorheizen.

6 Die Buchteln in 30–40 Minuten im Ofen goldbraun backen.

7 Für die Portweinquitten die Vanilleschote der Länge nach halbieren und in Stücke schneiden. Den Wein mit dem Zucker, der Vanilleschote, dem Sternanis, der Zimtstange, den Gewürznelken und dem Kardamom in einem Topf zum Kochen bringen und bei mittlerer Hitze etwa 10 Minuten köcheln lassen.

8 Die Quitten schälen, in dünne Scheiben schneiden und in den Sud legen. Die Temperatur reduzieren und die Quittenscheiben etwa 10 Minuten ziehen lassen.

9 Die Buchteln aus dem Ofen nehmen und mit den Portweinquitten in tiefen Tellern anrichten, dann servieren.

ZUTATEN FÜR 4 PERSONEN

**Für die Buchteln:**

400 g Mehl · ½ Würfel Hefe (21 g) · 75 g Zucker

etwa 200 ml lauwarme Milch · 50 g weiche Butter

1 Prise Salz · 2 Eier · 2 TL Vanillezucker

½ TL abgeriebene Schale einer unbehandelten Zitrone

zerlassene Butter und Mehl (für die Form)

etwa 100 g Quittenkonfitüre · 60 ml Sahne

1–2 EL Zimtzucker

**Für die Portweinquitten:**

1 Vanilleschote · 600 ml Portwein · 125 g Zucker

2 Sternanis · 1 Zimtstange · 4 Gewürznelken

2 Kardamomkapseln · 4 Quitten

ZUBEREITUNGSZEIT: 45 MINUTEN
RUHEZEIT: 1 STUNDE / BACKZEIT: 40 MINUTEN

# Apfeltörtchen

**ZUTATEN FÜR
8 TARTELETTEFÖRMCHEN
(DURCHMESSER 6 CM)**

**Für den Teig:**
200 g Mehl
120 g Butter
2 EL Zucker
1 Ei

**Für die Füllung:**
3 Eier
150 ml Sahne
2 EL Zucker
2 reife Äpfel
2 EL Zitronensaft
Mehl (für die Arbeitsfläche)
Butter (für die Förmchen)
Backerbsen (zum Blindbacken)
1 Dose Babyäpfel (410 g; nach Belieben)
3 EL Schokoherzen (zum Garnieren)

ZUBEREITUNGSZEIT: 30 MINUTEN
KÜHLZEIT: 30 MINUTEN
BACKZEIT: 25 MINUTEN

1 Für den Teig das Mehl auf eine Arbeitsfläche häufen, in die Mitte eine Mulde drücken. Die Butter, den Zucker und das Ei hineingeben und alles zügig zu einem Teig verarbeiten. Den Teig zu einer Kugel formen und für 30 Minuten in den Kühlschrank stellen.

2 Den Backofen auf 180 °C (Ober- und Unterhitze) vorheizen.

3 Für die Füllung die Eier mit der Sahne und dem Zucker verquirlen.

4 Die Äpfel schälen, vierteln, das Kerngehäuse entfernen und die Viertel in Spalten schneiden. Die Spalten sofort mit Zitronensaft beträufeln.

5 Den Teig auf einer bemehlten Arbeitsfläche dünn ausrollen und Kreise mit 10 cm Durchmesser ausstechen. Die Tarteletteförmchen ausbuttern und mit dem Teig auskleiden. Die Törtchen mit Backpapier und Backerbsen belegen und im vorgeheizten Ofen 10 Minuten blind backen.

6 Die Teigböden herausnehmen, die Sahne-Ei-Masse darauf verteilen und weitere 5 Minuten backen.

7 Die Törtchen wieder aus dem Ofen nehmen, mit den Apfelspalten und nach Belieben mit den Babyäpfeln belegen und etwa 10 Minuten goldbraun zu Ende backen. Die Apfeltörtchen wieder herausnehmen, kurz auskühlen lassen, aus den Förmchen heben und mit Schokoherzen garniert servieren.

# Pflaumenkuchen

**ZUTATEN FÜR
1 AUFLAUFFORM / BACKFORM
(DURCHMESSER 22 CM)**

Butter (für die Form)
5 Eier
60 g Zucker
2 EL Vanillezucker
90 g Mehl
1 Prise Salz
1 Msp. Backpulver
120 g Quark
80 ml Milch
800 g blaue Pflaumen
1–2 EL Mehl (für die Pflaumen)
Puderzucker (zum Bestauben)

ZUBEREITUNGSZEIT: 40 MINUTEN
BACKZEIT: 50 MINUTEN

1 Den Backofen auf 180 °C (Umluft) vorheizen.

2 Eine runde, hohe, ofenfeste Form ausbuttern.

3 Die Eier mit dem Zucker und dem Vanillezucker mit dem Rührgerät schaumig schlagen. Das Mehl, das Salz, das Backpulver, den Quark und die Milch zur Eimasse geben und alles gut unterrühren.

4 Die Pflaumen waschen, halbieren und entsteinen. Die Pflaumenhälften locker mit 1–2 Esslöffeln Mehl vermengen, dadurch sinken sie in der Masse nicht ein.

5 Die Hälfte der Masse in die Form füllen, die Hälfte der Pflaumen darauf verteilen. Dann die restliche Masse darübergeben, glatt streichen. Die übrigen Pflaumen mit der Schnittfläche nach oben darauf verteilen und leicht in die Masse drücken. Den Kuchen im vorgeheizten Ofen in 40–50 Minuten goldbraun backen.

6 Den Pflaumenkuchen aus dem Ofen nehmen, kurz auskühlen lassen und mit Puderzucker bestaubt servieren.

# Winter

# Kohlsalat
## mit Äpfeln, Orangen und Nüssen

**ZUTATEN FÜR 4 PERSONEN**

700 g Weißkohl

Salz

2 unbehandelte Orangen

1 rotschaliger Apfel (z. B. Boskop)

1 EL Zitronensaft

80 g halbierte und geschälte Walnusskerne

250 g Naturjoghurt

2 EL Olivenöl

frisch gemahlener Pfeffer

Zucker

ZUBEREITUNGSZEIT: 30 MINUTEN
ZIEHZEIT: 30 MINUTEN

1 Den Weißkohl putzen, vierteln, waschen, vom harten Strunk befreien und in feine Streifen schneiden oder hobeln. Die Kohlstreifen mit etwas Salz mischen, gut durchkneten und etwa 30 Minuten ziehen lassen.

2 In der Zwischenzeit die Orangen schälen, dabei auch die weiße Haut entfernen. Die Fruchtfilets aus den Trennwänden lösen. Den austretenden Saft auffangen und auch die Reste ausdrücken.

3 Den Apfel waschen, vierteln, das Kerngehäuse entfernen und die Viertel in hauchdünne Scheiben schneiden oder hobeln. Die Apfelscheiben sofort mit Zitronensaft mischen.

4 Die Nüsse in einer heißen Pfanne ohne Fett anrösten, bis sie duften, dann herausnehmen und abkühlen lassen.

5 Den Joghurt mit 2 Esslöffeln Orangensaft und dem Öl verrühren, mit Salz, Pfeffer und 1 Prise Zucker abschmecken.

6 Die Weißkohlstreifen über einem Sieb abwaschen und gut ausdrücken. Den Kohl in einer Schüssel mit den Apfelscheiben und den Nüssen gut mischen, auf Schälchen verteilen und mit dem Dressing beträufelt servieren.

# Wintercaprese
## Mozzarella mit Roter Bete

1 Den Ofen auf 180 °C (Umluft) vorheizen.

2 Die Rote Bete gründlich waschen, schälen, putzen und der Länge nach halbieren. Einige Blätter zum Garnieren waschen, putzen, trocken tupfen und beiseitelegen.

3 Die Zwiebeln schälen und in Spalten schneiden. Die Pfeffer- und die Senfkörner in einem Mörser grob zerstoßen. Die Zitrone heiß waschen, trocken tupfen und von der Schale dünne Streifen abschneiden oder mit dem Zestenreißer abschälen, dabei keine weiße Haut mit abschneiden. Die Zitrone anschließend auspressen.

4 Die Rote Bete und die Zwiebelspalten in eine Schüssel geben. Die zerstoßenen Körner mit dem Öl und den Zitronenzesten unter die Rote Bete und die Zwiebel rühren. Das Gemüse mit Salz würzen und in eine ofenfeste Form füllen. Die Brühe angießen. Die Form mit Alufolie verschließen.

5 Die Rote Bete und die Zwiebeln im Ofen etwa 50 Minuten weich garen. Die Alufolie 5–10 Minuten vor Ende der Garzeit entfernen. Die Flüssigkeit in der Form soll fast vollständig verdampfen. Das Gemüse gelegentlich umrühren und mit Zucker sowie etwas Zitronensaft abschmecken.

6 Die Raukeblätter verlesen, putzen, waschen und trocken schleudern. Die Rote Bete aus dem Ofen nehmen und abkühlen lassen. Den Mozzarella abtropfen lassen und in grobe Stücke zupfen.

7 Das Rote-Bete-Gemüse mit den Raukeblättern und dem Mozzarella mischen, auf einer Platte anrichten und mit Kürbiskernen sowie Rote-Bete-Blättern bestreut servieren.

### ZUTATEN FÜR 4 PERSONEN

1 kg junge Rote Bete, mit Grün
4 rote Zwiebeln
1 TL Pfefferkörner · 2 TL Senfkörner
1 unbehandelte Zitrone · 2 EL Olivenöl
Salz · 100 ml Gemüsebrühe
1 Prise Zucker · 1 Bund Rauke
2 Kugeln Mozzarella (à 125 g)
2 EL Kürbiskerne (zum Garnieren)

ZUBEREITUNGSZEIT: 40 MINUTEN
GARZEIT: 50 MINUTEN

### TIPP

Diese Vorspeise ist ein wunderbarer Einstieg in Ihr Festmenü. Sollten Sie im Winter keine Rauke bekommen, nehmen Sie Feldsalat oder andere Salatblätter und Kräuter.

# Wurzelgemüse
## mit Honig und Thymian

1 Die Karotten, die Kartoffeln und die Pastinaken putzen, schälen und der Länge nach halbieren, größere Kartoffeln sowie Pastinaken vierteln. Die Rote Bete, die Mairüben, den Sellerie und die rote Zwiebel ebenfalls schälen und putzen, dann in mundgerechte Stücke schneiden. Die weißen Zwiebeln schälen, aber ganz lassen. Das Gemüse in eine große Schüssel geben.

2 Den Backofen auf 200 °C (Ober- und Unterhitze) vorheizen.

3 Den Thymian waschen und trocken schütteln. Die Blättchen abzupfen und mit dem Kümmel sowie dem Öl vermischen. Die Thymianmischung mit Salz und Pfeffer würzen, dann in der Schüssel mit dem Gemüse vermengen.

4 Das marinierte Gemüse in eine gefettete Auflaufform geben und im Ofen etwa 1 Stunde backen. Die Rote-Bete-Hälften an den Rand legen, damit das übrige Gemüse nicht zu sehr verfärbt wird. Das Gemüse gelegentlich wenden. Wenn es anfängt braun zu werden, mit Alufolie abdecken.

5 Wenn das Gemüse weich ist, die Alufolie entfernen, den Honig über das Gemüse träufeln und weitere 5 Minuten leicht karamellisieren lassen.

6 Das Wurzelgemüse aus dem Ofen nehmen und sofort servieren.

**ZUTATEN FÜR 4 PERSONEN**

7 kleine Karotten · 7 kleine neue Kartoffeln

2 Pastinakenwurzeln · 2 Knollen Rote Bete

2 Mairüben (weiße Rüben) · ½ Knolle Sellerie

1 rote Zwiebel · 4 weiße Zwiebeln

4 Zweige Thymian · 1 ½ TL Kümmelsamen

2–3 EL Olivenöl · Salz · frisch gemahlener Pfeffer

Fett (für die Form) · 1–2 EL flüssiger Honig

ZUBEREITUNGSZEIT: 30 MINUTEN
GARZEIT: 1 STUNDE

### TIPP

Variieren Sie die Menge der einzelnen Gemüsesorten. Nehmen Sie einfach mehr von Ihrem Lieblingsgemüse oder probieren Sie andere Sorten aus. Der karamellisierte Honig verleiht eine angenehme Süße.

# Germkücherl
## mit Sauerkraut und Speck

**ZUTATEN FÜR 4 PERSONEN**

**Für den Teig:**
1 Würfel frische Hefe (42 g)
250 ml lauwarme Milch
500 g Mehl
1 Prise Salz
1 TL Zucker
100 g Butter
Mehl (für die Arbeitsfläche)

**Für das Sauerkraut:**
1 Zwiebel
1 Apfel
1 EL Zitronensaft
1 Scheibe geräucherter Bauchspeck
2 EL Pflanzenöl
700 g Sauerkraut (aus der Dose)
100 ml trockener Weißwein
400 ml Gemüsebrühe
5 Pfefferkörner
3 Wacholderbeeren
1 Lorbeerblatt
Salz
frisch gemahlener Pfeffer
1 Prise Zucker
700 ml Pflanzenöl (zum Ausbacken)
Schnittlauchröllchen (zum Garnieren)

**ZUBEREITUNGSZEIT: 45 MINUTEN**
**RUHEZEIT: 1 STUNDE 20 MINUTEN**
**GARZEIT: 20 MINUTEN**

1 Für den Teig die Hefe in der Milch auflösen. Das Mehl mit dem Salz und dem Zucker mischen, in eine Schüssel geben und in die Mitte eine Mulde drücken. Die Hefemilch in die Mulde gießen. Die Butter in Stücke schneiden und am Mehlrand verteilen, dann mit den Händen alles zu einem glatten Teig verarbeiten.

2 Den Teig auf einer bemehlten Arbeitsfläche etwa 10 Minuten kräftig durchkneten, anschließend zurück in die Schüssel geben und zugedeckt an einem warmen Ort etwa 1 Stunde gehen lassen.

3 Die Zwiebel schälen und fein würfeln. Den Apfel schälen, vierteln, das Kerngehäuse entfernen und die Viertel in Spalten schneiden. Die Apfelspalten mit dem Zitronensaft beträufeln.

4 Den Speck in Streifen schneiden. Das Öl in einem heißen Topf erhitzen und den Speck darin anbraten. Die Zwiebelwürfel dazugeben und glasig anschwitzen. Das Sauerkraut und die Apfelspalten mit einem Kochlöffel unterrühren. Das Kraut mit dem Wein ablöschen und die Flüssigkeit fast vollständig einköcheln lassen. Die Brühe angießen und bei geringer Hitze etwa 45 Minuten leise köcheln lassen.

5 Die Pfefferkörner, die Wacholderbeeren und das Lorbeerblatt in ein Gewürzsäckchen oder Teebeutel füllen und verschließen. Nach etwa 30 Minuten Garzeit das Gewürzsäckchen in das Kraut geben und alles mit Salz, Pfeffer und Zucker abschmecken.

6 Aus dem Hefeteig kleine Portionen abstechen. Diese zu Bällchen formen, etwas flach drücken und erneut 20 Minuten gehen lassen.

7 In einem Topf das Öl erhitzen und die Kücherl darin portionsweise goldbraun ausbacken. Die Kücherl mit einem Schaumlöffel herausnehmen, dann auf Küchenpapier abtropfen lassen. Die Germkücherl mit dem Sauerkraut anrichten und mit Schnittlauch bestreut servieren.

# Cremige Maissuppe

1 Die Zwiebeln, den Knoblauch und die Kartoffeln schälen und fein würfeln.

2 Die Butter in einem Topf zerlassen und die Zwiebel, den Knoblauch und die Kartoffelwürfel darin kurz anschwitzen.

3 Das Gemüse mit Maismehl bestauben, umrühren und anschließend mit dem Weißwein ablöschen. Die Gemüsebrühe angießen und zum Kochen bringen. Die Lorbeerblätter dazugeben, dann die Suppe etwa 20 Minuten bei milder Hitze leise köcheln lassen.

4 Nach der Kochzeit die Lorbeerblätter wieder entfernen und die Suppe kurz mit einem Pürierstab pürieren. Die Milch und den Mais hinzufügen und die Suppe etwa weitere 5 Minuten sanft köcheln lassen.

5 Die Maissuppe mit Salz und Pfeffer abschmecken, in Suppenschälchen anrichten und mit Thymianblättchen bestreut servieren.

**ZUTATEN FÜR 4 PERSONEN**

2 Zwiebeln · 1 Knoblauchzehe

250 g mehligkochende Kartoffeln

2 EL Butter · 2 EL Maismehl

100 ml trockener Weißwein

500 ml Gemüsebrühe

2 frische Lorbeerblätter · 200 ml Milch

250 g Mais (aus der Dose)

Salz · frisch gemahlener Pfeffer

Thymian (zum Bestreuen)

ZUBEREITUNGSZEIT: 30 MINUTEN
GARZEIT: 30 MINUTEN

**TIPP**

Wenn Sie frischen Zuckermais verwenden, kochen Sie ihn in Wasser mit etwas Butter und einem Schuss Milch für etwa 10 Minuten und geben ihn nach dem Pürieren in die Suppe.

# Ochsenschwanzsuppe
## mit Perlgraupen

1. Die Zwiebeln schälen und halbieren. Die Karotten und den Sellerie schälen und würfeln.

2. Die Zwiebeln mit der Schnittfläche nach unten in einem großen Suppentopf braun anrösten, dann etwa 1,5 Liter kaltes Wasser angießen.

3. Den Ochsenschwanz dazugeben und alles langsam aufkochen. Die Nelken, die Lorbeerblätter, die Pfefferkörner und die Wacholderbeeren dazugeben. Die Brühe mit dem Fleisch bei niedriger Hitze etwa 2 ½ Stunden halb zugedeckt leicht köcheln lassen.

4. Die Graupen über einem Sieb abwaschen und in kochendem Salzwasser etwa 50 Minuten garen. Die Karotten, die Kartoffeln, den Kohlrabi und den Sellerie schälen und in mundgerechte Stücke schneiden.

5. Den Kohl putzen, vierteln, waschen und in breite Streifen schneiden. Den Lauch putzen, der Länge nach einschneiden, abwaschen und in schmale Ringe schneiden.

6. Die Brühe durch ein feines Sieb in einen weiteren Topf abgießen. Es sollte etwa 1 Liter ergeben. Das Fleisch von den Knochen lösen und klein zupfen. Die Brühe aufkochen.

7. Die Karotten, die Kartoffeln, den Kohlrabi, den Sellerie, den Kohl, den Lauch sowie die Graupen und das Fleisch in die Brühe geben und etwa 10 Minuten bei niedriger Hitze gar köcheln lassen. Die Ochsenschwanzsuppe mit Sherry und Salz abschmecken und in Suppenschalen servieren.

**ZUTATEN FÜR 4 PERSONEN**

2 Zwiebeln · 2 Karotten

200 g Knollensellerie

1 ½ kg Ochsenschwanz, in Stücke geschnitten

4 Nelken · 2 Lorbeerblätter

1 TL Pfefferkörner · ½ TL Wacholderbeeren

150 g Perlgraupen · Salz

2 Karotten · 2 Kartoffeln

1 kleiner Kohlrabi · ¼ Knolle Sellerie

250 g Weißkohl · ½ Stange Lauch · Sherry

ZUBEREITUNGSZEIT: 40 MINUTEN
GARZEIT: 2 STUNDEN 40 MINUTEN

# Rindfleischeintopf
## mit Kräuterknödeln

**ZUTATEN FÜR 4 PERSONEN**

**Für den Eintopf:**

700 g Rindfleisch (z. B. aus der Schulter)
3 Zwiebeln
2 Knoblauchzehen
4 Tomaten
Pflanzenöl (zum Braten)
200 ml dunkles Bier
1 EL rosenscharfes Paprikapulver
1 TL Kümmelsamen
1 Lorbeerblatt
etwa 600 ml Fleischbrühe
300 g Kartoffeln

**Für die Knödel:**

500 g Knödelbrot
200 ml Milch
1 Zwiebel
1–2 EL Butter
2 EL frisch gehackte Petersilie
1 TL frisch gehackter Thymian
1 TL frisch gehackter Rosmarin
Salz · frisch gemahlener Pfeffer
frisch geriebene Muskatnuss
2 Eier
Semmelbrösel (nach Bedarf)
Thymianzweige (zum Garnieren)

ZUBEREITUNGSZEIT: 45 MINUTEN
GARZEIT: 2 STUNDEN

1 Das Fleisch waschen, trocken tupfen und in Würfel schneiden.

2 Die Zwiebeln und den Knoblauch schälen und beides fein würfeln. Die Tomaten waschen, halbieren, den Stielansatz herausschneiden und die Tomaten würfeln.

3 In einem großen Topf oder Bräter etwas Öl erhitzen und das Fleisch darin portionsweise bei hoher Hitze scharf anbraten, anschließend aus dem Topf nehmen. Nochmals 1 Esslöffel Öl in den Topf geben und die Zwiebeln sowie den Knoblauch darin kurz anschwitzen. Alles mit dem Bier ablöschen.

4 Das Paprikapulver mit den Tomatenwürfeln, dem Kümmel, dem Lorbeerblatt und dem Fleisch in den Topf geben. Etwas Brühe angießen, sodass das Fleisch knapp bedeckt ist, und alles halb zugedeckt etwa 2 Stunden bei niedriger Hitze schmoren lassen. Ab und zu umrühren und nach Bedarf die restliche Brühe angießen.

5 Die Kartoffeln schälen, grob würfeln und nach 1 Stunde zum Fleisch geben und mitschmoren.

6 Für die Knödel das Knödelbrot in eine große Schüssel geben. Die Milch aufkochen, über das Brot gießen und etwa 15 Minuten ziehen lassen.

7 Die Zwiebel schälen und fein würfeln. In einem kleinen Topf die Butter zerlassen und darin die Zwiebel glasig anschwitzen. Den Topf vom Herd nehmen und die Petersilie, den Thymian und den Rosmarin unterrühren. Die Zwiebelmischung unter das Knödelbrot mengen und alles mit Salz, Pfeffer und Muskat würzen. Die Eier dazuschlagen und die Masse mit den Händen gut verkneten. Bei Bedarf noch ein wenig Semmelbrösel dazugeben, damit die Masse nicht zu klebrig ist und gut formbar wird.

8 Einen großen Topf mit Salzwasser auf den Herd stellen und aufkochen. Die Hände anfeuchten und aus der Masse Knödel formen. Sind alle Knödel geformt, die Knödel vorsichtig in das sprudelnd kochende Wasser geben und die Temperatur reduzieren. Die Knödel etwa 20 Minuten im köchelnden Salzwasser ziehen lassen.

9 Den Eintopf mit Salz und Pfeffer abschmecken, die Kräuterknödel einlegen und mit Thymian garniert servieren.

# Hackbraten
## im Wirsingmantel

**ZUTATEN FÜR 4 PERSONEN**

1 Brötchen (vom Vortag)

1 rote Paprikaschote · 1 Zwiebel

4 Salbeiblättchen · 2 EL Pflanzenöl

1 Knoblauchzehe · 1 EL Kapern

1 Ei · 800 g gemischtes Hackfleisch

Salz · frisch gemahlener Pfeffer

4 hart gekochte Eier

8 große Wirsingblätter

10 Scheiben durchwachsener Speck

2 Bund Suppengrün (½ Knolle Sellerie, 2 Karotten, 1 Stange Lauch)

250 ml Fleischbrühe

200 ml Gemüsebrühe

ZUBEREITUNGSZEIT: 45 MINUTEN
GARZEIT: 1 STUNDE 15 MINUTEN

1 Das Brötchen in lauwarmem Wasser einweichen.

2 Die Paprikaschote putzen, halbieren und die Samen und Scheidewände entfernen. Die Schote waschen und fein würfeln. Die Zwiebel schälen und fein hacken. Den Salbei waschen, trocken tupfen und die Blättchen ebenfalls hacken.

3 In einem Topf das Öl erhitzen und die Zwiebel darin glasig anschwitzen. Die Paprikawürfel einige Minuten mitschwitzen. Den Salbei mit anschwitzen. Den Knoblauch schälen und dazupressen. Die Kapern hacken. Anschließend alles mit dem ausgedrückten Brötchen und dem Ei zum Hackfleisch in eine Schüssel geben und gut verkneten. Den Fleischteig mit Salz und Pfeffer würzen.

4 Den Backofen auf 180 °C (Ober- und Unterhitze) vorheizen.

5 Die Fleischmasse flach drücken. Die Eier schälen und in der Mitte hintereinander auf das Hackfleisch legen. Die Masse über den Eiern zu einem Laib formen.

6 Die Wirsingblätter putzen und in kochendem Salzwasser blanchieren. Die Blätter abschrecken und trocken tupfen. Die dicken Blattrippen flach schneiden, dann die Blätter auf der Arbeitsfläche leicht überlappend ausbreiten. Den Speck darüber verteilen. Den Hackfleischlaib auf die Wirsingblätter legen und darin einschlagen. Bei Bedarf mit Küchengarn festbinden.

7 Das Suppengrün schälen bzw. putzen und waschen, dann in mundgerechte Stücke schneiden. Den Hackbraten mit dem Suppengemüse auf ein tiefes Blech setzen, den Großteil der Brühe angießen. Alles mit Alufolie abdecken und im Backofen etwa 30 Minuten garen. Die Folie entfernen und den Braten weitere 45 Minuten offen schmoren, dabei immer wieder mit der Flüssigkeit beträufeln.

8 Den fertigen Hackbraten aus dem Ofen nehmen, anschneiden und mit dem Wurzelgemüse auf einer Servierplatte anrichten. Zum Hackbraten nach Belieben Kartoffelpüree mit Röstzwiebeln reichen.

# Rinderrouladen
## mit Nussfüllung

1 Das Fleisch waschen, trocken tupfen und auf einer sauberen Arbeitsfläche ausbreiten.

2 Die Nüsse in einer heißen Pfanne ohne Fett anrösten, herausnehmen, abkühlen lassen und grob hacken.

3 Die Zwiebel schälen und fein würfeln. In einer Pfanne 1 Esslöffel Öl erhitzen und die Zwiebel darin glasig anschwitzen. Die Zwiebeln abkühlen lassen und mit den Nüssen vermengen.

4 Die Rouladen mit Salz und Pfeffer würzen, mit dem Senf bestreichen, mit einer Scheibe Schinken belegen und mit der Nuss-Zwiebel-Mischung bestreuen. Die gegenüberliegenden langen Seiten leicht einschlagen und die Rouladen von der kurzen Seite her aufrollen. Mit Rouladennadeln oder Küchengarn verschließen. In einem Bräter 2 Esslöffel Öl erhitzen und die Rouladen rundum scharf anbraten, dann herausnehmen.

5 Das Suppengemüse putzen, grob teilen und in dem Bräter anschwitzen. Kein Öl dazugeben, es sollte noch ausreichend Fett im Bräter sein. Das Tomatenmark einrühren, kurz Farbe nehmen lassen, dann mit dem Rotwein ablöschen und den Fond angießen.

6 Das Lorbeerblatt, die Wacholderbeeren, die Pfefferkörner, den Thymian und den Rosmarin dazugeben. Die Rouladen wieder einlegen und bei mittlerer Hitze 1½–2 Stunden schmoren, bis das Fleisch weich ist.

7 Die Rouladen aus der Sauce nehmen. Die Sauce durch ein Sieb in einen kleinen Topf passieren und etwas reduzieren. Die Crème fraîche einrühren und alles mit Salz und Pfeffer abschmecken.

8 Die Rouladen von den Nadeln bzw. Küchengarn befreien, in Scheiben schneiden und mit der Sauce auf Tellern angerichtet servieren. Nach Belieben buntes Gemüse oder Pilze dazu reichen.

**ZUTATEN FÜR 4 PERSONEN**

4 Rinderrouladen (à 180 g), küchenfertig

120 g gemischte Nusskerne (z. B. Walnüsse, Haselnüsse) oder Erdnuss- oder Mandelkerne

1 Zwiebel · Pflanzenöl (zum Braten) · Salz

frisch gemahlener Pfeffer · 2 EL grobkörniger Senf

4 Scheiben Räucherschinken

1 Bund Suppengrün (¼ Knolle Sellerie, 1 Karotte, ½ Stange Lauch) · 1 EL Tomatenmark

150 ml Rotwein · etwa 400 ml Fleischbrühe

1 Lorbeerblatt

4–5 Wacholderbeeren, angedrückt

1 TL Pfefferkörner · 2 Zweige Thymian

1 Zweig Rosmarin · 3 EL Crème fraîche

ZUBEREITUNGSZEIT: 40 MINUTEN
GARZEIT: 2 STUNDEN

# Rinderschmorbraten
## mit Glühweinsauce

**ZUTATEN FÜR 4 PERSONEN**

1,4 kg Rinderschulter
Salz
frisch gemahlener Pfeffer
2 Karotten
¼ Knolle Sellerie
1 Gemüsezwiebel
2 Knoblauchzehen
30 g Butterschmalz
1 EL Tomatenmark
500 ml trockener kräftiger Rotwein
1 l Rinderfond
2 Kardamomkapseln
3 Gewürznelken
1 Zimtstange
1 Sternanis
Mark von 1 Vanilleschote
3 Lorbeerblätter
2 EL Mehl
2 EL weiche Butter

ZUBEREITUNGSZEIT: 45 MINUTEN
GARZEIT: 3 STUNDEN

1 Das Fleisch waschen, trocken tupfen und von allen Seiten mit Salz und Pfeffer würzen.

2 Die Karotten, den Sellerie, die Zwiebel und den Knoblauch schälen und grob würfeln.

3 In einem Bräter das Butterschmalz erhitzen und das Fleisch von allen Seiten scharf anbraten. Das Fleisch herausnehmen, beiseitelegen und das Gemüse in den Bräter geben. Die Gemüsewürfel 4–5 Minuten unter Wenden anbraten, dann das Tomatenmark zugeben, kurz Farbe nehmen lassen und mit der Hälfte des Rotweins ablöschen. Die Flüssigkeit vollständig einreduzieren lassen, dabei den Bratensatz lösen, eventuell vom Topfboden schaben und den restlichen Rotwein sowie den Fond angießen.

4 Das Fleisch wieder zurück in den Bräter legen und zugedeckt bei mittlerer Hitze 1½–2 Stunden schmoren lassen. Den Kardamom, die Gewürznelken, die Zimtstange, den Sternanis, die Vanilleschote und die Lorbeerblätter dazugeben und alles 1 Stunde weiterschmoren.

5 Den garen Braten aus der Sauce nehmen und kurz warm halten. Das Mehl mit der Butter verkneten. Die Sauce durch ein feines Sieb in einen anderen Topf passieren, aufkochen lassen und mit etwas Mehlbutter abbinden. Die Sauce mit Salz und Pfeffer abschmecken.

6 Das Fleisch in Scheiben schneiden, auf einer Platte anrichten und mit etwas Sauce übergießen.

## TIPP

Servieren Sie dazu frische Spätzle. Verrühren Sie dafür 400 g Mehl, 4 Eier, 1 Prise Salz und 100 ml Wasser zu einem zähen Teig. Kochen Sie in einem großen Topf Salzwasser auf. Hobeln Sie dann mit einem Spätzlehobel die Spätzle in das Wasser oder drücken Sie den Teig portionsweise durch ein grobes Sieb. Lassen Sie die Spätzle im siedenden Wasser ziehen, bis sie an die Oberfläche steigen. Heben Sie die Spätzle mit einem Schaumlöffel heraus und schrecken Sie sie mit kaltem Wasser ab.

# Schweinerollbraten
## mit Nussfüllung

ZUTATEN FÜR 4–6 PERSONEN

**Für den Rollbraten:**
8 getrocknete Apfelringe
4 EL getrocknete Moosbeeren
100 ml Apfelsaft
1 Stange Sellerie
1 Zwiebel · 1 EL Butter
60 g gemischte Nusskerne (z. B. Walnüsse, Haselnüsse)
1 kg rohes Kasseler Lachsfleisch (gepökeltes Schweinefleisch aus der Rippe), küchenfertig
2 EL grobkörniger Senf
Butterschmalz (zum Anbraten)
250 ml Rinder- oder Geflügelfond

**Für das Kompott:**
400 g Äpfel (z. B. Boskop)
2 EL Zitronensaft
150 ml Apfelsaft
1 Prise gemahlener Zimt
1 EL Zucker · 1 TL Speisestärke
1 EL frisch gehackte Minze

**Für das Püree:**
600 g mehligkochende Kartoffeln
150 ml lauwarme Milch
30 g Butter
Salz · frisch gemahlener Pfeffer
frisch geriebene Muskatnuss
2–3 Frühlingszwiebeln (zum Garnieren)

ZUBEREITUNGSZEIT: 45 MINUTEN
GARZEIT: 50 MINUTEN

1 Den Backofen auf 180 °C (Ober- und Unterhitze) vorheizen.

2 Die Apfelringe und die Moosbeeren in dem Apfelsaft einweichen. Den Sellerie putzen, waschen und in kleine Würfel schneiden. Die Zwiebel schälen und fein hacken. Die Butter in einer Pfanne erhitzen und die Zwiebel darin glasig schwitzen. Den Sellerie zugeben und kurz mitschwitzen. Die Pfanne vom Herd nehmen und alles abkühlen lassen.

3 Die Nüsse in einer heißen Pfanne ohne Fett leicht rösten, herausnehmen, abkühlen lassen und hacken. Die Nüsse mit der Zwiebel-Sellerie-Masse mischen, die Apfelringe und die Moosbeeren abgießen. Die Beeren ebenfalls untermischen.

4 Das Fleischstück der Länge nach etwa 1,5 cm dick, fast bis zur anderen Seite einschneiden, dann aufklappen (am besten vom Metzger vorbereiten lassen). Das Fleisch mit Senf bestreichen, mit den Apfelringen belegen und mit der Nussmasse bedecken, dabei einen 2 cm breiten Rand frei lassen. Das Fleisch wieder aufrollen und mit Küchengarn zusammenbinden. Etwas Butterschmalz in einem Bräter erhitzen und den Rollbraten darin rundherum scharf anbraten. Den Fond angießen und den Braten im Ofen etwa 45 Minuten garen.

5 Für das Püree vorab die Kartoffeln schälen, waschen, in grobe Stücke schneiden und in kochendem Salzwasser 25–30 Minuten garen.

6 Für das Apfelkompott die Äpfel waschen, vierteln und das Kerngehäuse entfernen. Die Apfelviertel in sehr kleine Würfel schneiden, sofort mit dem Zitronensaft mischen.

7 Den Apfelsaft mit Zimt und Zucker in einem Topf erhitzen. Die Speisestärke mit etwas kaltem Wasser anrühren und damit den Apfelsaft abbinden. Die Apfelwürfel und die Minze untermischen. Den Topf vom Herd nehmen und das Kompott abkühlen lassen.

8 Die Kartoffeln abgießen, ausdampfen lassen und durch eine Kartoffelpresse drücken. Die Kartoffeln mit der Milch und der Butter zu einem glatten Püree verarbeiten, mit Salz, Pfeffer und Muskat abschmecken. Die Frühlingszwiebeln putzen, waschen und in feine Ringe schneiden.

9 Das Fleisch aus dem Ofen nehmen, das Küchengarn entfernen und den Braten in Scheiben schneiden. Das Püree in Schälchen anrichten, mit den Frühlingszwiebeln bestreuen und mit dem Kompott zum Fleisch servieren.

# Schinkenbraten
## mit Rosenkohl

1 Den Ofen auf 160 °C (Umluft) vorheizen.

2 Den Schinken waschen, trocken tupfen, mit 2 Esslöffeln Öl bepinseln und mit Pfeffer würzen. Den Schinkenbraten auf einem Gitter im Ofen etwa 1 Stunde garen, eine Fettpfanne oder ein Backblech darunterstellen, um das Fett aufzufangen.

3 Den Rosenkohl putzen, waschen und in kochendem Salzwasser etwa 15 Minuten garen. Die Röschen abgießen, mit kaltem Wasser abschrecken und gut abtropfen lassen.

4 Die Kartoffeln waschen, in Spalten schneiden, mit dem restlichen Öl, etwas Salz und Pfeffer vermengen, auf einem Backblech verteilen und im Ofen mit dem Schinken etwa 35 Minuten goldbraun backen.

5 In einer heißen Pfanne die Butter zerlassen und darin die Rosenkohlröschen schwenken, anschließend mit Salz, Pfeffer sowie Muskat würzen.

6 Das Fleisch aus dem Ofen nehmen, in Scheiben schneiden und mit den Kartoffeln und dem Rosenkohl servieren.

### ZUTATEN FÜR 4 PERSONEN

800 g Schinkenbraten, leicht gepökelt
5 EL Olivenöl (zum Bepinseln und für die Kartoffeln)
frisch gemahlener Pfeffer
600 g Rosenkohl
Salz
600 g junge festkochende Kartoffeln
2 EL Butter
frisch geriebene Muskatnuss

ZUBEREITUNGSZEIT: 30 MINUTEN
GARZEIT: 1 STUNDE

# Fleischpastete
## mit Nüssen

1 Den Backofen auf 180 °C (Ober- und Unterhitze) vorheizen.

2 Die Nüsse in einer heißen Pfanne ohne Fett anrösten, herausnehmen, abkühlen lassen und hacken. Die Brötchen in lauwarmem Wasser einweichen.

3 Eine rechteckige Kastenform mit den Speckscheiben auslegen. Die Zwiebel schälen und fein hacken. Das Öl in einer Pfanne erhitzen und die Zwiebel darin glasig schwitzen. Den Thymian, den Majoran und die Petersilie untermischen. Die Mischung vom Herd nehmen und abkühlen lassen.

4 Den fetten Speck in kleine Würfel schneiden. Das Fleisch waschen, trocken tupfen und von Fett und Sehnen befreien (parieren). Das Fleisch mit dem Speck zuerst durch eine grobe Scheibe des Fleischwolfs, dann durch eine feine Scheibe drehen.

5 Das durchgedrehte Fleisch mit der Zwiebelmischung, den Eiern, dem Senf und den gut ausgedrückten Brötchen verkneten. Die Nüsse einarbeiten und alles mit Salz sowie Pfeffer kräftig würzen.

6 Die Fleischmasse in die mit Speckscheiben ausgelegte Kastenform füllen und glatt verstreichen, überstehende Speckscheiben darüberlegen.

7 Die Pastete im Ofen etwa 1 Stunde backen, herausnehmen, aus der Form stürzen und auf einem Teller mit frischen Nüssen und Kräutern angerichtet servieren.

ZUTATEN FÜR 1 KASTENFORM (10 X 25 CM)

100 g Haselnusskerne · 2 Brötchen (vom Vortag)

16 Scheiben durchwachsener Speck

1 Zwiebel · 1 EL Pflanzenöl

je 1 TL frisch gehackter Thymian, Majoran und Petersilie

100 g fetter Speck · 750 g mageres Schweinefleisch

2 Eier · 1 TL scharfer Senf · Salz

frisch gemahlener Pfeffer · frische ganze Haselnüsse (zum Garnieren)

Thymian- und Majoranzweige (zum Garnieren)

ZUBEREITUNGSZEIT: 40 MINUTEN
GARZEIT: 1 STUNDE

## TIPP

Die Fleischpastete lässt sich gut auf Vorrat einfrieren.

# *Gänsekeulen* mit Kartoffelknödeln und Apfel-Pflaumen-Sauce

ZUTATEN FÜR 4 PERSONEN

**Für die Gänsekeulen:**

4 Gänsekeulen (à etwa 250 g)
1 Karotte
1 Zwiebel
¼ Knolle Sellerie
1 reifer Apfel (z. B. Boskop)
30 g Butterschmalz
1 EL Tomatenmark
250 ml trockener Rotwein
250 ml Gänsefond
2 Lorbeerblätter
2 Pimentkörner
1 TL frisch gehackter Rosmarin
1 TL getrockneter Beifuß
Salz
frisch gemahlener Pfeffer
Beifußzweige (zum Garnieren)

**Für die Knödel:**

1 kg mehligkochende Kartoffeln
Salz
150 g Mehl · 2 Eier
frisch geriebene Muskatnuss

**Für die Sauce:**

100 g gemischtes Trockenobst (z. B. Pflaumen, Äpfel, Aprikosen, Datteln)
1–2 TL Speisestärke
Salz · frisch gemahlener Pfeffer

ZUBEREITUNGSZEIT: 45 MINUTEN
GARZEIT: 2 STUNDEN 30 MINUTEN
GRILLZEIT: 4 MINUTEN

1 Die Gänsekeulen waschen und trocken tupfen.

2 Den Backofen auf 160 °C (Ober- und Unterhitze) vorheizen.

3 Die Karotte, die Zwiebel sowie den Sellerie schälen, putzen und in Würfel schneiden. Den Apfel schälen, in Viertel schneiden, das Kerngehäuse entfernen und die Apfelviertel ebenfalls in kleine Würfel schneiden.

4 In einem Bräter das Butterschmalz zerlassen. Darin die Gemüse- und die Apfelwürfel rundherum anbraten. Das Tomatenmark dazugeben, kurz Farbe nehmen lassen und alles mit der Hälfte des Weins ablöschen. Die Flüssigkeit leicht einköcheln lassen. Den übrigen Wein und den Fond angießen, kurz aufkochen lassen. Die Lorbeerblätter, die Pimentkörner, den Rosmarin und den Beifuß ebenfalls dazugeben, dann alles mit Salz und Pfeffer würzen.

5 Die Gänsekeulen mit Salz und Pfeffer einreiben, mit der Hautseite auf das Gemüse legen und für 1 Stunde im Ofen garen. Dann die Keulen wenden und weitere 1–1 ½ Stunden fertig schmoren. Für eine Garprobe die Keulen an der dicksten Stelle einstechen. Tritt klarer Fleischsaft aus, ist das Fleisch gar, ansonsten einige Minuten weiterschmoren.

6 Für die Knödel die Kartoffeln waschen und in Salzwasser etwa 25 Minuten kochen, dann abgießen und ausdampfen lassen. Die Kartoffeln schälen und durch eine Kartoffelpresse in eine Schüssel drücken. Etwa 100 g Mehl, die Eier, 1 gute Prise Salz und 1 Prise Muskat dazugeben und alles zu einem Kartoffelteig verkneten. Mit bemehlten Händen Knödel aus dem Teig formen. Die Knödel in kochendes Salzwasser legen und bei niedriger Hitze 20 Minuten gar ziehen lassen.

7 Das Trockenobst klein schneiden. Die Keulen aus der Sauce nehmen, auf ein Backblech legen und die Sauce in einen weiteren Topf passieren.

8 Den Backofengrill vorheizen. Die Speisestärke mit kaltem Wasser anrühren. Die Sauce erneut zum Kochen bringen und mit der Speisestärke abbinden. Das Trockenobst in der Sauce ziehen lassen, anschließend die Sauce noch einmal mit Salz und Pfeffer abschmecken.

9 Die Keulen unter dem Grill 4–5 Minuten knusprig grillen, herausnehmen und mit Beifuß garniert servieren. Die Sauce und die Knödel dazu reichen.

# Wildente
## auf Herbstgemüse

**ZUTATEN FÜR 6 PERSONEN**

2 Wildenten (à etwa 900 g), küchenfertig

Salz

frisch gemahlener Pfeffer

1 Bund Thymian

4 große Karotten

400 g Kürbis (z. B. Hokkaido)

400 g kleine festkochende Kartoffeln

3 Knoblauchzehen

400 ml Apfelwein

ZUBEREITUNGSZEIT: 50 MINUTEN
GARZEIT: 2 STUNDEN

1 Den Backofen auf 180 °C (Ober- und Unterhitze) vorheizen.

2 Die Enten waschen, trocken tupfen und mit Salz sowie Pfeffer einreiben. Den Thymian waschen, trocken tupfen und die Hälfte der Zweige in die Enten füllen. Von dem restlichen Thymian die Blättchen abzupfen und diese hacken.

3 Die Karotten schälen. Den Kürbis schälen, halbieren und die Kerne herausschaben. Das Fruchtfleisch in mundgerechte Stücke schneiden. Die Kartoffeln waschen und bei Bedarf abbürsten. Den Knoblauch schälen und in feine Scheiben schneiden.

4 Den Kürbis, die Kartoffeln und den Knoblauch mit dem gehackten Thymian in eine Schüssel geben und beiseitestellen.

5 Die Enten mit der Brustseite nach unten in einen Bräter setzen. Die Hälfte von dem Apfelwein angießen und die Enten im Ofen etwa 1 ½ Stunden schmoren. Nach 45 Minuten das Gemüse um die Enten herum verteilen, den restlichen Apfelwein angießen und das Geflügel wenden. Das Fleisch ab und zu mit dem austretenden Bratfett beträufeln.

6 Am Ende der Garzeit den Backofen auf 220 °C (Ober- und Unterhitze) hochschalten und die Haut der Enten knusprig braten.

7 Die knusprigen Wildenten mit dem Gemüse anrichten und servieren.

# Hähnchen in Rotwein

1 Den Speck würfeln. Die Schalotten schälen und in Spalten schneiden.

2 Das Hähnchen gründlich waschen, trocken tupfen und in 8 Stücke teilen. Das Öl in einen heißen Bräter geben und darin die Speckwürfel auslassen. Mit einem Schaumlöffel herausnehmen und auf Küchenpapier abtropfen lassen.

3 Im Speckfett die Hähnchenteile von allen Seiten braun anbraten, dann mit Salz und Pfeffer würzen. Die Schalotten kurz mitbraten und mit Mehl bestauben. Alles mit dem Weinbrand ablöschen. Den Rotwein und die Brühe angießen und das Hähnchen nicht ganz abgedeckt bei niedriger Hitze etwa 1 Stunde leise schmoren lassen. Die Hähnchenteile dabei ab und zu wenden und, falls nötig, noch etwas Brühe angießen.

4 Den Knoblauch schälen und mit den Pfefferkörnern sowie dem Lorbeerblatt in ein Gewürzsäckchen geben. Die Gewürze nach etwa 30 Minuten Garzeit mit in die Sauce legen. Den Thymian waschen, trocken schütteln und auf dem Fleisch verteilen. Das Hähnchen weitere 45 Minuten gar schmoren.

5 Die Champignons putzen und je nach Größe ganz lassen oder halbieren. Die Petersilie waschen, trocken schütteln, die Blättchen abzupfen und fein hacken. Die Butter in einer Pfanne erhitzen und die Pilze darin 1–2 Minuten braten.

6 Kurz vor dem Servieren das Gewürzsäckchen aus der Sauce nehmen und die Champignons sowie den Speck auf dem Hähnchen verteilen. Alles mit der Petersilie bestreuen, mit Salz sowie Pfeffer abschmecken und nach Belieben mit Weißbrot servieren.

ZUTATEN FÜR 4 PERSONEN

150 g geräucherter Bauchspeck

8–10 Schalotten

1 Hähnchen (etwa 1,4 kg), küchenfertig

1 EL Pflanzenöl

Salz · frisch gemahlener Pfeffer

1–2 EL Mehl · 2 cl Weinbrand

500 ml Rotwein · etwa 125 ml Hühnerbrühe

2 Knoblauchzehen · 1 TL Pfefferkörner

1 Lorbeerblatt · 5–6 Zweige Thymian

250 g Champignons

2–3 Stängel Petersilie · 1–2 EL Butter

Weißbrot (nach Belieben zum Servieren)

ZUBEREITUNGSZEIT: 30 MINUTEN
GARZEIT: 1 STUNDE 15 MINUTEN

# Kaiserschmarren

ZUTATEN FÜR 4 PERSONEN

6 Eier

1 Prise Salz

1 TL Zitronensaft

4 EL Zucker

1 Msp. abgeriebene Schale von einer unbehandelten Zitrone

300 ml Milch

5–6 EL Mehl

3 EL Butter

2 EL Puderzucker (zum Bestauben)

ZUBEREITUNGSZEIT: 30 MINUTEN
GARZEIT: 8 MINUTEN

1 Die Eier trennen. Die Eiweiße mit Salz und dem Zitronensaft steif schlagen. Die Eigelbe mit dem Zucker, der Zitronenschale und der Milch verquirlen.

2 Das Mehl in eine Schüssel geben und nach und nach die Eiermilch unterrühren. Den Eischnee unterziehen.

3 Die Hälfte der Butter in einer großen Pfanne zerlassen, den Teig hineingeben und bei geringer Hitze etwa 5 Minuten stocken lassen. Die restliche Butter dazugeben, die Eimasse wenden und die andere Seite etwa 2–3 Minuten stocken lassen.

4 Den Kaiserschmarren mithilfe von zwei Pfannenwendern oder Gabeln in Stücke reißen und die Stücke noch einmal kurz backen. Den Kaiserschmarren nach Belieben mit Puderzucker bestaubt servieren.

# Schoko-Schweinsöhrchen

**ZUTATEN FÜR 40 STÜCK**

300 g TK-Blätterteig
3 EL zerlassene Butter
Mehl (für die Arbeitsfläche)
80–100 g Zucker
1 Päckchen Vanillezucker
200 g dunkle Kuvertüre

ZUBEREITUNGSZEIT: 30 MINUTEN
BACKZEIT: 20 MINUTEN

1 Die Blätterteigplatten nebeneinanderlegen und so auftauen lassen.

2 Anschließend die Platten (bis auf eine) mit zerlassener Butter einstreichen und aufeinanderlegen. Die nicht bestrichene Platte als letztes darauflegen. Auf leicht bemehlter Arbeitsfläche den Blätterteig dann zu einem 30 x 30 cm großen Quadrat ausrollen und die Oberfläche wieder mit etwas zerlassener Butter einstreichen.

3 Den Zucker mit dem Vanillezucker mischen. Die Hälfte vom Zucker über den Blätterteig streuen. Den Teig von zwei gegenüberliegenden Seiten bis zur Mitte hin aufrollen und für etwa 30 Minuten in den Kühlschrank stellen.

4 Den Backofen auf 200 °C (Ober- und Unterhitze) vorheizen.

5 Von dem Teig etwa 5 mm dicke Scheiben abschneiden und im übrigen Zucker wälzen. Die Schweinsöhrchen auf ein mit Backpapier ausgelegtes Backblech legen und im Ofen 15–20 Minuten goldbraun backen. Die Schweinsöhrchen herausnehmen und abkühlen lassen.

6 Zum Garnieren die Schokolade grob hacken und über einem heißen, nicht kochenden Wasserbad schmelzen. Die Schokolade vom Herd nehmen und etwas abkühlen lassen.

7 Jedes Schweinsöhrchen etwa zur Hälfte mit der Schokolade einstreichen und anschließend zum Trocknen auf ein Kuchengitter legen.

# Honigkuchen

ZUTATEN FÜR FÜR 1 BACKBLECH
BZW. FÜR 40 STÜCK

125 g Butter
250 g Honig
150 g Zucker
500 g Mehl
1 Päckchen Backpulver
100 g gemahlene Mandeln
1 TL Zimt
1 Msp. gemahlene Nelken
1 Msp. Piment
1 Prise Salz
2 Eier
100 g fein gehacktes Zitronat
100 g fein gehacktes Orangeat
Butter (für das Backblech)
3 EL Sahne
(mindestens 30 % Fett)
175 g geschälte ganze Mandeln
40 Belegkirschen

ZUBEREITUNGSZEIT: 1 STUNDE
BACKZEIT: 40 MINUTEN

1 Den Backofen auf 180 °C (Ober- und Unterhitze) vorheizen.

2 Die Butter, den Honig und den Zucker unter Rühren zusammen aufkochen, dann wieder abkühlen lassen.

3 Das Mehl mit dem Backpulver, den gemahlenen Mandeln, dem Zimt, den Nelken, dem Piment, Salz, den Eiern, dem Zitronat und dem Orangeat mit den Knethaken des Handrührgeräts verrühren. Die Butter-Honig-Mischung dazugeben und alles zu einem geschmeidigen Teig verkneten. Sollte der Teig zu weich sein, noch ein wenig Mehl einkneten. Den Teig zugedeckt im Kühlschrank etwa 1 Stunde ruhen lassen.

4 Den Teig auf ein eingefettetes Backblech drücken und glatt streichen. Die Teigplatte mit der Sahne bepinseln und mit einem Messer Quadrate (Kantenlänge 4 cm) auf die Teigoberfläche zeichnen. Jedes Quadrat mit 4 Mandeln und 1 Belegkirsche verzieren.

5 Die Honigkuchen auf mittlerer Schiene im Backofen 35 Minuten hellbraun backen. Anschließend die Honigkuchen herausnehmen, etwas abkühlen lassen, vom Blech nehmen und in die auf dem Teig markierten Quadrate schneiden.

## TIPP

Die Honigkuchen können Sie problemlos einige Wochen in einer Dose aufbewahren. Ein paar Tage nach dem Backen schmecken sie sogar besser als frisch, da die Gewürze durchgezogen sind. Sie können die Honigkuchen auch einfrieren.

# Crème brûlée

1 Den Backofen auf 200 °C (Ober- und Unterhitze) vorheizen.

2 Die Vanilleschote längs aufschlitzen und das Mark herausschaben. Die Milch mit der Sahne, dem Vanillemark, der Vanilleschote und dem Kakaopulver aufkochen.

3 Die Eier und die Eigelbe mit dem Zucker cremig, aber nicht schaumig rühren. Die Stärke unterrühren, nach und nach unter Rühren die heiße Schokomilch dazugießen.

4 Die Creme durch ein Sieb in Förmchen gießen. Die Förmchen in einen Bräter oder eine Auflaufform stellen und so viel heißes Wasser angießen, dass die Förmchen zu zwei Drittel im Wasser stehen.

5 Die Creme im Ofen abgedeckt etwa 40 Minuten stocken lassen. Anschließend die Creme aus dem Ofen nehmen, kurz abkühlen lassen und zum vollständigen Auskühlen in den Kühlschrank stellen.

6 Vor dem Servieren die Crème brûlée mit Zucker bestreuen und kurz unter den heißen Backofengrill schieben, bis der Zucker schmilzt und zu karamellisieren beginnt.

**ZUTATEN FÜR 4 PERSONEN**

1 Vanilleschote

250 ml Milch

250 g Sahne

1 ½ EL Kakaopulver

2 Eier

2 Eigelb

75 g Zucker

1 EL Speisestärke

Zucker (zum Bestreuen)

ZUBEREITUNGSZEIT: 30 MINUTEN
GARZEIT: 45 MINUTEN

# Mandelstollen

ZUTATEN FÜR 1 STOLLEN BZW. FÜR 20 SCHEIBEN

500 g Mehl
1 Würfel frische Hefe (42 g)
1 EL Vanillezucker
125 ml lauwarme Milch
65 g Zucker
1 Prise Salz
½ TL abgeriebene Schale von einer unbehandelten Zitrone
1 Prise gemahlene Muskatblüte
1 Prise gemahlene Nelken
1 Msp. Zimt
150 g warme Butter
100 g geschälte, fein gemahlene Mandeln
150 g gehackte Mandeln
Mehl (für die Arbeitsfläche)
100 g flüssige Butter (zum Bestreichen)
etwa 50 g Puderzucker (zum Bestauben)

ZUBEREITUNGSZEIT: 40 MINUTEN
RUHEZEIT: 1 STUNDE 40 MINUTEN
BACKZEIT: 1 STUNDE

1 Das Mehl in eine Schüssel sieben. In die Mitte eine Mulde drücken und die Hefe hineinbröseln. Den Vanillezucker dazugeben. In der Mulde die Hefe mit dem Vanillezucker und 3–4 Esslöffeln Milch glatt rühren. Den Vorteig 15 Minuten zugedeckt an einem warmen Ort ruhen lassen.

2 Die restliche Milch, den Zucker, das Salz, die Zitronenschale, die Muskatblüte, die Nelken, den Zimt, die Butter und die Mandeln in die Schüssel geben und alles zu einem glatten Teig verkneten. Diesen an einem warmen Ort etwa 60 Minuten ruhen lassen, bis er sein Volumen verdoppelt hat.

3 Den Teig auf eine leicht bemehlte Arbeitsfläche geben, noch einmal gut durchkneten und zu einem Stollen formen. Den Stollen auf ein mit Backpapier ausgelegtes Backblech legen, eine gut gefettete Stollenform daraufsetzen. Alternativ in der Mitte des Stollens eine Rille eindrücken. Die eine Hälfte des Teigs bis zur Mitte hin einschlagen. Den Stollen nochmals 20–25 Minuten ruhen lassen.

4 Den Backofen auf 180 °C (Ober- und Unterhitze) vorheizen.

5 Den Stollen etwa 1 Stunde im Ofen backen (Stäbchenprobe machen!). Aus dem Ofen nehmen, etwas abkühlen lassen und mit flüssiger Butter einstreichen. Anschließend dick mit Puderzucker bestauben und den Stollen ganz auskühlen lassen.

# Für Gäste

# Belegte Brote
## mit Entenbrust und Äpfeln

**ZUTATEN FÜR 4 PERSONEN**

100 g Magerquark
150 g Frischkäse (natur)
2 EL Sahne
2–3 EL frisch gehackte Kräuter (z. B. Petersilie, Basilikum, Majoran, Kerbel)
Salz
frisch gemahlener Pfeffer
2 Entenbrustfilets (à 250–300 g), küchenfertig
2 Äpfel
1 EL Butter
1–2 EL flüssiger Honig
4 cl Apfelwein
4 Scheiben Bauernbrot
Majoranblättchen (zum Garnieren)

ZUBEREITUNGSZEIT: 30 MINUTEN
GARZEIT: 50 MINUTEN

1 Den Backofen auf 100 °C (Ober- und Unterhitze) vorheizen.

2 Für den Aufstrich den Quark mit dem Frischkäse, der Sahne und den Kräutern verrühren. Den Aufstrich mit Salz und Pfeffer abschmecken.

3 Die Entenbrustfilets waschen, trocken tupfen und mit Salz sowie Pfeffer würzen. Die Filets mit der Hautseite nach unten ohne Fett in eine heiße Pfanne legen und die Hautseite goldbraun braten. Die Filets auf die Fleischseite drehen, weitere 1–2 Minuten braten. Das Fleisch aus der Pfanne nehmen, in Alufolie einschlagen und im vorgeheizten Ofen etwa 40 Minuten garen.

4 In der Zwischenzeit die Äpfel schälen, vierteln, das Kerngehäuse entfernen und die Viertel in schmale Scheiben schneiden. In einer Pfanne die Butter zerlassen, die Äpfel zugeben und mit dem Honig beträufeln. Den Honig leicht karamellisieren lassen, dann mit dem Apfelwein ablöschen. Die Flüssigkeit fast vollständig reduzieren, die Äpfel aus der Pfanne nehmen und auskühlen lassen.

5 Die Entenbrustfilets aus dem Ofen nehmen, abkühlen lassen und in dünne Scheiben schneiden. Die Brotscheiben halbieren, mit dem Kräuterquark bestreichen und mit den Apfel- und Entenbrustscheiben belegen. Die belegten Brote mit Majoranblättchen garnieren und servieren.

# Berner Hacktäschli

**ZUTATEN FÜR 4 PERSONEN**

1 Brötchen (vom Vortag)
1 rote Chilischote (nach Belieben)
2 Stängel Basilikum
¼ Bund Schnittlauch
2 Stängel glatte Petersilie
1 Stange Sellerie, mit Grün
1 Zwiebel · 2 EL Pflanzenöl
600 g Hackfleisch vom Rind
1 Ei · 1 TL Dijon-Senf
Salz · frisch gemahlener Pfeffer
edelsüßes Paprikapulver
2 EL Butterschmalz

ZUBEREITUNGSZEIT: 35 MINUTEN
GARZEIT: 20 MINUTEN

1 Das Brötchen in lauwarmem Wasser einweichen.

2 Falls verwendet, die Chili waschen, längs halbieren, die Samen entfernen und die Chili fein hacken. Das Basilikum, den Schnittlauch und die Petersilie waschen und trocken tupfen. Vom Basilikum einige Blättchen zum Garnieren beiseitestellen. Den Schnittlauch und die Petersilie fein hacken und davon 2 Esslöffel zum Garnieren beiseitestellen.

3 Den Sellerie ebenfalls waschen und putzen. Das Grün zum Garnieren beiseitelegen. Ein Drittel der Selleriestange in schmale Scheiben, den Rest in kleine Würfel schneiden.

4 Die Zwiebel schälen und fein hacken. Das Öl in einer Pfanne erhitzen und darin die Zwiebel mit der Chili sowie den Selleriewürfeln anschwitzen. Die Kräuter (bis auf die Kräuter zum Garnieren) dazugeben und untermischen. Die Pfanne vom Herd nehmen und die Zwiebel-Sellerie-Mischung abkühlen lassen.

5 Das Hackfleisch mit dem Ei, dem gut ausgedrückten Brötchen, dem Senf und der Zwiebel-Sellerie-Mischung verkneten und mit Salz, Pfeffer und Paprika würzen. Aus der Hackfleischmasse kleine Hackbällchen formen, diese etwas flach drücken.

6 In einer Pfanne das Butterschmalz zerlassen und die Hacktäschli rundherum goldbraun anbraten. Die Temperatur reduzieren und die Täschli gar ziehen lassen.

7 Das Selleriegrün klein zupfen. Die Hacktäschli mit den Selleriescheiben, dem Schnittlauch, dem Selleriegrün und einigen Basilikumblättchen bestreuen und servieren.

# Flammenkuchen
## mit Speck und Zwiebeln

1 Für den Teig das Mehl mit der Hefe, dem Salz und dem Zucker mischen. Die Mehlmischung mit etwa 225 ml lauwarmem Wasser zu einem mittelfesten Teig verkneten. Den Teig weiterkneten, bis er sich vom Schüsselrand löst, dann abgedeckt an einem warmen Ort etwa 30 Minuten gehen lassen.

2 Den Backofen mit einem eingeschobenen Backblech auf 240 °C (Ober- und Unterhitze) vorheizen.

3 Den Teig auf einer leicht bemehlten Arbeitsfläche zu 4 dünnen Fladen ausrollen. Ein Stück Backpapier auf die Größe des Blechs zuschneiden und die Fladen darauflegen.

4 Für den Belag den Speck in schmale Streifen schneiden. Die Zwiebeln schälen und ebenfalls in Streifen schneiden. Den Quark mit der Crème fraîche und dem Eigelb verrühren, alles mit Salz und Pfeffer würzen.

5 Die Quarkmasse auf die Teigfladen streichen, dabei einen Rand frei lassen. Die Zwiebeln und den Speck darauf verteilen. Das Backblech aus dem Ofen nehmen und das Backpapier mit den Flammenkuchen vorsichtig auf das Blech ziehen.

6 Die Flammenkuchen im Backofen etwa 15 Minuten goldbraun backen, herausnehmen und sofort servieren.

**ZUTATEN FÜR 4 PERSONEN**

**Für den Teig:**
400 g Mehl
1 Päckchen Trockenhefe (etwa 7 g)
1 TL Salz · 1 TL Zucker
Mehl (für die Arbeitsfläche)

**Für den Belag:**
200 g durchwachsener Speck, in Scheiben
2 Zwiebeln · 200 g Quark
200 g Crème fraîche
1 Eigelb
Salz · frisch gemahlener Pfeffer

ZUBEREITUNGSZEIT: 30 MINUTEN
RUHEZEIT: 30 MINUTEN
BACKZEIT: 15 MINUTEN

# Kartoffelsalat
## mit Radieschen und Weißwurst

**ZUTATEN FÜR 4 PERSONEN**

600 g festkochende Kartoffeln
Salz
1 rote Zwiebel
80 ml Fleischbrühe
3 EL Weißweinessig
1–2 TL grobkörniger Senf
½ Bund Radieschen
½ Blattsalat (z. B. Eisberg- und Endiviensalat)
8 frische Weißwürste
2 EL Pflanzenöl
frisch gemahlener Pfeffer
1 Bund Schnittlauch

ZUBEREITUNGSZEIT: 30 MINUTEN
GARZEIT: 40 MINUTEN

1 Die Kartoffeln waschen und in kochendem Salzwasser etwa 25 Minuten garen.

2 Die Zwiebel schälen und in feine Würfel schneiden. Die Brühe in einem Topf zum Kochen bringen. Die Zwiebelwürfel dazugeben und weich garen.

3 Die Kartoffeln abgießen, kalt abschrecken, schälen und in kleine Würfel schneiden. Die Kartoffelwürfel mit der Brühe, dem Essig und dem Senf mischen und einige Minuten ziehen lassen.

4 Die Radieschen putzen, waschen und in hauchdünne Scheiben schneiden oder hobeln. Den Blattsalat putzen, die Salatblätter lösen, waschen und in schmale Streifen schneiden.

5 In einem Topf reichlich Wasser zum Kochen bringen, den Topf vom Herd nehmen. Die Würste in das heiße Wasser legen und darin 5–10 Minuten ziehen lassen.

6 Die Radieschen und den Salat unter die Kartoffeln mischen, das Öl unterrühren. Den Salat mit Salz und Pfeffer abschmecken.

7 Den Schnittlauch waschen, trocken schütteln und in feine Röllchen schneiden. Die Würste aus dem Wasser nehmen, von der Haut befreien und im Schnittlauch wenden.

8 Den Kartoffelsalat auf Teller verteilen, die Würste darauf anrichten und servieren.

# *Ziegenfrischkäse*
## und Kressequark

1 Für den Ziegenfrischkäse die beiden Frischkäsesorten in einer Schüssel miteinander glatt rühren. Den Bärlauch einrühren, mit Zitronensaft, Salz, Pfeffer, Kümmel und nach Belieben mit Koriander abschmecken. Den Frischkäse etwa 30 Minuten ziehen lassen.

2 Für den Kressequark das Ei in etwa 8 Minuten hart kochen, in kaltem Wasser abschrecken und pellen. Das Ei auf einem Stück Butterbrotpapier fein hacken, damit das Ei nicht am Brett haften bleibt.

3 Den Quark mit Sauerrahm und Senf glatt rühren und mit Salz und Cayennepfeffer würzen. Die Kresse mit einer Schere ernten, etwas davon zum Garnieren beiseitelegen. Die restliche Kresse zum Quark geben und mit drei Viertel von dem gehackten Ei unterheben.

4 Den Kressequark nochmals mit Salz und Pfeffer abschmecken, mit dem restlichen Ei und der übrigen Kresse garnieren.

5 Den Ziegenfrischkäse und den Kressequark in Schälchen anrichten und zu frischem Vollkornbrot reichen.

**ZUTATEN FÜR 2–4 PERSONEN**

**Für den Ziegenfrischkäse:**

100 g Ziegenfrischkäse · 100 g Frischkäse (Doppelrahmstufe)

4 EL fein gehackter Bärlauch

1–2 TL Zitronensaft · Salz · frisch gemahlener Pfeffer

1 Prise gemahlener Kümmel

1 Prise gemahlener Koriander (nach Belieben)

**Für den Kressequark:**

1 Ei · 125 g Magerquark · 75 g Sauerrahm

1 TL mittelscharfer Senf · Salz

1 Msp. Cayennepfeffer · ½ Kästchen Kresse

frisches Vollkornbrot (zum Servieren)

ZUBEREITUNGSZEIT: 45 MINUTEN
GARZEIT: 8 MINUTEN / ZIEHZEIT: 30 MINUTEN

# Bratäpfel
## mit Nussfüllung

1 Den Backofen auf 180 °C (Ober- und Unterhitze) vorheizen.

2 Die Äpfel waschen, trocken tupfen und mit dem Kernausstecher das Kerngehäuse entfernen.

3 Den Ingwer und das Orangeat sehr fein würfeln und mit den Haselnüssen, dem Marzipan und dem Zimt mischen. Den Honig unterrühren.

4 Eine feuerfeste Form gut mit Butter einfetten. Die Äpfel hineinsetzen und die Füllung in die Äpfel geben. Auf jeden Apfel ein Butterflöckchen setzen.

5 Die Äpfel im Backofen etwa 30 Minuten backen. Die Bratäpfel nach Belieben auf einer Platte anrichten und mit Puderzucker bestaubt servieren.

**ZUTATEN FÜR 4 PERSONEN**

4 große Äpfel (z. B. Boskop)
20 g kandierter Ingwer
20 g Orangeat
60 g gehackte Haselnusskerne
30 g Marzipanrohmasse
1 Msp. Zimt
2 EL flüssiger Honig
20–30 g Butter
Puderzucker (zum Bestauben)

ZUBEREITUNGSZEIT: 30 MINUTEN
BACKZEIT: 30 MINUTEN

# Eiersalat mit Pilzen
## in Eierschalen

1 Die Eier in kochendem Wasser 10 Minuten hart kochen und in kaltem Wasser abschrecken. Die Eier samt Schale längs halbieren und das Ei vorsichtig aus der Schale lösen. Die Eier auskühlen lassen und die Schalenhälften beiseitelegen.

2 Die Schalotte und den Knoblauch schälen und fein hacken. Die Pilze putzen, mit einem Küchentuch abreiben und klein würfeln.

3 In einer heißen Pfanne das Öl erhitzen und darin die Schalotte und den Knoblauch glasig schwitzen. Die Pilze, Thymian, Rosmarin und Petersilie dazugeben. Die Pilze unter gelegentlichem Rühren so lange braten, bis die Flüssigkeit in der Pfanne vollständig verdampft ist.

4 Die Pilzmasse mit Salz und Pfeffer abschmecken, in eine Schüssel füllen und erkalten lassen.

5 Von den gekochten Eiern 2 hacken, die anderen anderweitig verwenden (z. B. für den Kressequark, siehe Seite 166). Die gehackten Eier mit der Mayonnaise unter die Pilzmasse mischen, alles mit einem Spritzer Zitronensaft abschmecken. Den Eiersalat in die Eierschalen füllen und nach Belieben mit anderen kleinen Gerichten auf einer Platte anrichten.

**ZUTATEN FÜR 4 PERSONEN**

6 Eier · 1 Schalotte · 1 Knoblauchzehe

150 g gemischte Pilze (z. B. Champignons, Steinpilze, Pfifferlinge, Maronen)

2 EL Olivenöl · ¼ TL frisch gehackter Thymian

¼ TL frisch gehackter Rosmarin

1 TL frisch gehackte Petersilie

Salz · frisch gemahlener Pfeffer

2 EL Salatmayonnaise · etwas Zitronensaft

ZUBEREITUNGSZEIT: 30 MINUTEN
GARZEIT: 15 MINUTEN

### TIPP

Wenn Sie alle sechs gekochten Eier für Eiersalat verwenden möchten, verdoppeln Sie die Menge der anderen Zutaten. Statt in Eierschalen können Sie den Salat dann in einer Schüssel servieren oder auf Brote verteilen.

# Käsebaguette
## mit Rhabarberchutney

**ZUTATEN FÜR 4 PERSONEN**

**Für das Chutney:**

500 g Rhabarber

1 Zwiebel

1 Stück frischer Ingwer (1 ½ cm)

1 Vanilleschote

150 ml Weißweinessig

200 g Zucker

1 EL grüne Pfefferkörner (aus dem Glas)

Zucker (zum Abschmecken)

**Für das Baguette:**

12 Baguettescheiben

einige Rosmarinzweige

60 g Gorgonzola

Olivenöl (zum Beträufeln)

8 Scheiben Camembert

ZUBEREITUNGSZEIT: 30 MINUTEN
GARZEIT: 15 MINUTEN

1 Für das Chutney den Rhabarber putzen, waschen und in etwa 1 cm breite Stücke schneiden. Die Zwiebel sowie den Ingwer schälen und fein hacken. Die Vanilleschote längs halbieren und das Mark herausschaben.

2 In einem Topf die Zwiebel, den Ingwer, den Rhabarber sowie das Vanillemark und die -schote mit dem Essig und dem Zucker erhitzen. Alles 10–15 Minuten bei mittlerer Hitze köcheln lassen. Anschließend die Pfefferkörner untermischen.

3 Das Chutney mit Zucker abschmecken, in Schälchen füllen und auskühlen lassen.

4 Den Backofen auf 250 °C (Ober- und Unterhitze) vorheizen.

5 Die Brotscheiben auf ein Ofengitter legen und im Ofen goldbraun rösten. Den Rosmarin waschen, trocken tupfen und in kleinere Zweige zupfen. Den Gorgonzola in dünne Scheiben schneiden.

6 Die Brotscheiben herausnehmen, mit Olivenöl beträufeln und ein paar Rosmarinnadeln darauf verteilen. Auf einige Brote Camembert, auf die anderen Gorgonzola legen. Etwas Rhabarberchutney auf dem Käse verteilen und die Brote auf einer Servierplatte anrichten.

# Bauernbratlinge

**ZUTATEN FÜR 4 PERSONEN**

2 EL Pinienkerne
400 g festkochende Kartoffeln
200 g Karotten
1 Zucchini
1 Zwiebel
1 Knoblauchzehe
1 TL frisch gehackter Oregano
2 Eier
Salz
frisch gemahlener Pfeffer
frisch geriebene Muskatnuss
3–4 EL Mehl
2 EL Paniermehl
Pflanzenöl (zum Braten)

ZUBEREITUNGSZEIT: 30 MINUTEN
GARZEIT: 20 MINUTEN

1 Die Pinienkerne in einer heißen Pfanne ohne Fett goldgelb rösten, herausnehmen, abkühlen lassen und grob hacken.

2 Die Kartoffeln und die Karotten schälen, raspeln und in ein Sieb geben. Aus den Raspeln die Flüssigkeit gut ausdrücken. Die Zucchini putzen, waschen und ebenfalls raspeln. Die Kartoffel-, die Karotten- und die Zucchiniraspel in eine große Schüssel geben.

3 Die Zwiebel und den Knoblauch schälen, fein hacken und mit den Pinienkernen, dem Oregano und den Eiern zu den Gemüseraspeln geben. Die Raspel mit Salz, Pfeffer und Muskat würzen. Die Zutaten gründlich verkneten und nach und nach das Mehl und das Paniermehl zugeben, bis eine gut formbare Masse entstanden ist. Daraus kleine Bratlinge formen.

4 In einer Pfanne etwa 2 Esslöffel Öl erhitzen und die Bratlinge portionsweise von beiden Seiten goldgelb braten, herausnehmen und auf Küchenkrepp abtropfen lassen.

5 Die fertigen Bratlinge im Ofen bei 80 °C (Ober- und Unterhitze) warm halten, bis der gesamte Teig verarbeitet ist. Die Bauernbratlinge in einer Schüssel oder auf einer Servierplatte anrichten.

# Blätterteigtaschen
## mit Hackfleischfüllung

**ZUTATEN FÜR 4 PERSONEN**

450 g TK-Blätterteig
250 g Weißkohl
80 g Rote Bete, gegart
300 g gemischtes Hackfleisch
300 g Schmand
Salz
frisch gemahlener Pfeffer
Mehl (für die Arbeitsfläche)
1 Ei, getrennt
2 EL Sahne
3 TL frisch gehackter Dill

**ZUBEREITUNGSZEIT: 40 MINUTEN**
**BACKZEIT: 30 MINUTEN**

1  Die Blätterteigplatten nebeneinaderlegen und auftauen lassen. Den Backofen auf 200 °C (Ober- und Unterhitze) vorheizen.

2  Den Weißkohl putzen, vierteln, waschen und von dem harten Strunk befreien. Die Kohlblätter zuerst in Streifen, dann in kleine Würfelchen schneiden.

3  Die gegarte Rote Bete ebenfalls in kleine Würfelchen schneiden und mit dem Weißkohl, dem Hackfleisch und 120 g Schmand mischen. Die Masse mit Salz und Pfeffer würzen.

4  Den Blätterteig auf einer bemehlten Arbeitsfläche ausrollen und mit einem Teigrädchen Quadrate (etwa 6 x 6 cm) ausschneiden.

5  Jeweils 1 Teelöffel Füllung auf 1 Quadrat geben, die Ränder mit dem Eiweiß bestreichen und die Teigquadrate zu Dreiecken zusammenfalten. Die Ränder fest andrücken und die Täschchen auf ein mit Backpapier belegtes Backblech legen.

6  Das Eigelb mit der Sahne verquirlen und die Teigtaschen damit bestreichen. Die Taschen im vorgeheizten Ofen 25–30 Minuten goldbraun backen. Den restlichen Schmand mit dem Dill verrühren, mit Salz und Pfeffer abschmecken. Die Dillsauce zu den Blätterteigtaschen servieren.

# Lachs-Spinat-Rouladen
## mit Weißweinsauce

1 Die Blätterteigplatten nebeneinanderlegen und auftauen lassen. Den Backofen auf 200 °C (Ober- und Unterhitze) vorheizen.

2 Den Spinat verlesen, putzen, waschen und trocken schleudern. Die Schalotte und den Knoblauch schälen und fein hacken. In einem Topf 1 Esslöffel Öl erhitzen und darin die Schalotte sowie den Knoblauch glasig schwitzen. Den Spinat dazugeben und zusammenfallen lassen. Die Mischung vom Herd nehmen, über einem Sieb abtropfen lassen, anschließend ausdrücken und mit Salz, Pfeffer und Muskat würzen.

3 Den Lachs waschen, trocken tupfen, in 4 gleich große Portionen teilen und mit Salz und Pfeffer würzen.

4 Den Blätterteig auf einer bemehlten Arbeitsfläche ausrollen und 4 Quadrate (je etwa 12 x 15 cm) mit einem Teigrädchen ausschneiden. Die Spinatmischung darauf verteilen, dabei einen 1 cm breiten Rand frei lassen.

5 Das Ei trennen. Je 1 Lachsstück auf 1 Quadrathälfte setzen. Die Ränder mit Eiweiß bestreichen, die andere Hälfte über den Lachs schlagen und die Ränder fest andrücken.

6 Die Päckchen mit der Naht nach unten auf ein mit Backpapier belegtes Backblech legen. Das Eigelb mit der Sahne verquirlen. Die Päckchen damit bestreichen und im vorgeheizten Ofen 25–30 Minuten goldbraun backen.

7 Für die Weißweinsauce die Butter in einem Topf zerlassen. Das Mehl einstreuen, leicht Farbe nehmen lassen und mit dem Fond ablöschen. Die Mischung mit einem Schneebesen kräftig verrühren, den Wein und die Sahne angießen und die Sauce bei mittlerer Hitze etwa 5 Minuten köcheln lassen. Den Dill unterrühren, mit Salz und Pfeffer abschmecken.

8 Die Lachs-Spinat-Rouladen aus dem Ofen nehmen und mit der Sauce servieren.

ZUTATEN FÜR 4 PERSONEN

**Für die Lachs-Spinat-Rouladen:**

400 g TK-Blätterteig

400 g frischer, junger Blattspinat

1 Schalotte · 1 Knoblauchzehe

Olivenöl · Salz · frisch gemahlener Pfeffer

frisch gemahlene Muskatnuss

600 g Lachsfilet, küchenfertig und ohne Haut

Mehl (für die Arbeitsfläche) · 1 Ei · 2 EL Sahne

**Für die Sauce:**

2 EL Butter · 2 EL Mehl · 200 ml Fischfond

200 ml trockener Weißwein · 100 ml Sahne

1 ½ EL frisch gehackter Dill · Salz · frisch gemahlener Pfeffer

ZUBEREITUNGSZEIT: 40 MINUTEN
GARZEIT: 30 MINUTEN

# *Krapfen*
## mit Puderzucker

**ZUTATEN FÜR 4 PERSONEN**
1 Würfel frische Hefe (42 g)
200 ml lauwarme Milch
500 g Mehl · 1 Prise Salz
100 g Butter · 80 g Zucker · 1 Ei
Pflanzenfett (zum Ausbacken)
Puderzucker (zum Bestauben)

ZUBEREITUNGSZEIT: 30 MINUTEN
RUHEZEIT: 1 STUNDE
BACKZEIT: 15 MINUTEN

1 Für den Teig die Hefe in der Milch auflösen.

2 Das Mehl mit dem Salz mischen, in eine Schüssel geben und in die Mitte eine Mulde drücken. Die Hefemilch in die Mulde gießen, dann die Butter, den Zucker und das Ei dazugeben.

3 Alles mit den Händen oder den Knethaken des elektrischen Rührgeräts zu einem glatten Teig kneten. Sollte der Teig zu feucht sein, noch etwas Mehl zugeben. Ist er zu trocken, noch etwas lauwarme Milch zugießen. Den Teig zugedeckt an einem warmen Ort etwa 1 Stunde gehen lassen.

4 Aus dem Teig kleine Teigportionen abstechen und zu runden Bällchen oder Quadraten formen. Das Fett in einem Topf oder in der Fritteuse erhitzen und die Krapfen darin goldbraun ausbacken. Die Krapfen mit einem Schaumlöffel herausnehmen, auf Küchenpapier abtropfen lassen und mit Puderzucker bestaubt servieren.

## TIPP

Die Krapfen können Sie nach Belieben mit Konfitüre füllen. Hierfür füllen Sie die Konfitüre in einen Spritzbeutel mit langer, dünner Tülle, stechen diese in die ausgebackenen Krapfen und füllen die Konfitüre ein.

# Windbeutel
## mit Sahne und Stachelbeeren

**ZUTATEN FÜR 12 STÜCK**

**Für den Brandteig:**

50 g Butter · ½ TL Salz

150 g Mehl · 4 Eier

1 Msp. Backpulver

**Für die Füllung:**

300 g Stachelbeeren

400 ml Sahne

3–4 EL Puderzucker

100 ml trockener Weißwein

1 EL Zitronensaft

Puderzucker (zum Bestauben)

ZUBEREITUNGSZEIT: 1 STUNDE
BACKZEIT: 25 MINUTEN

1 Für den Teig 250 ml Wasser mit der Butter und dem Salz aufkochen lassen. Das Mehl auf einmal hineinschütten und bei niedriger Hitze sofort kräftig rühren, bis sich die Masse als Kloß vom Topfboden löst.

2 Den Brandteig in eine Schüssel füllen, 1 Ei dazugeben und den Teig sofort glatt rühren. Die Masse etwas abkühlen lassen, dann die restlichen Eier einzeln nacheinander unter den lauwarmen Teig rühren, anschließend das Backpulver untermengen.

3 Den Backofen auf 200 °C (Ober- und Unterhitze) vorheizen.

4 Den Brandteig in einen Spritzbeutel mit Sterntülle füllen. Ein Backblech mit Backpapier auslegen und etwa 12 Häufchen aufspritzen. Die Windbeutel im Backofen etwa 25 Minuten goldbraun backen. Die Ofentür in den ersten 15 Minuten auf keinen Fall öffnen, sonst fallen die Windbeutel in sich zusammen.

5 Nach der Backzeit die Windbeutel herausnehmen, waagerecht halbieren und abkühlen lassen.

6 Für die Füllung die Stachelbeeren waschen, trocken tupfen und halbieren. Die Sahne mit 1 Esslöffel Puderzucker steif schlagen.

7 Den restlichen Puderzucker in einem Topf karamellisieren lassen und mit dem Wein ablöschen. Den Zucker darin auflösen. Den Zitronensaft sowie die Stachelbeeren dazugeben und den Topf vom Herd nehmen. Die Stachelbeermischung auskühlen lassen, dabei ab und zu umrühren.

8 Etwas Schlagsahne auf die Unterseite der Windbeutel geben und darauf einige Stachelbeeren verteilen. Den Deckel aufsetzen und mit Puderzucker bestaubt servieren.

# Süße und pikante Schnecken

1 **Für die Mohnschnecken** den Backofen auf 180 °C (Ober- und Unterhitze) vorheizen.

2 Den Blätterteig auf einer bemehlten Arbeitsfläche dünn ausrollen. Die Mohnback-Füllung mit der Butter, dem Zimt, den Nüssen und den Rosinen verrühren.

3 Den Blätterteig in 15 cm breite Streifen schneiden, mit der Mohnmasse bestreichen und von einer Längsseite her locker aufrollen. Die Rolle in etwa 1 cm breite Scheiben schneiden, diese auf ein mit Backpapier belegtes Backblech legen, mit Eigelb bestreichen und im Backofen 10–15 Minuten goldgelb backen.

4 Die Mohnschnecken herausnehmen, abkühlen lassen und servieren.

1 **Für die Käseschnecken** den Backofen auf 200 °C (Ober- und Unterhitze) vorheizen.

2 Die Petersilie und das Basilikum waschen, trocken tupfen, die Blättchen abzupfen und fein hacken. Den Käse reiben und mit den Kräutern mischen.

3 Den Blätterteig auf einer bemehlten Arbeitsfläche dünn ausrollen und in 15 cm breite Streifen schneiden. Mit der Käsemasse bestreuen, von der Längsseite her aufrollen und in 1 cm breiten Scheiben schneiden. Die Käseschnecken auf ein mit Backpapier belegtes Backblech legen und im Ofen etwa 12 Minuten goldgelb backen.

4 Die Käseschnecken herausnehmen, abkühlen lassen und servieren.

ZUTATEN FÜR JEWEILS 80 STÜCK

### Für die Mohnschnecken:

1 Rolle frischer Blätterteig (etwa 30 x 40 cm)

Mehl (für die Arbeitsfläche)

300 g Mohnback-Füllung

40 g Butter · ½ TL Zimt

50 g gehackte Haselnüsse

3 EL Rumrosinen · 1 Eigelb

### Für die Käseschnecken:

½ Bund Petersilie · ½ Bund Basilikum

200 g Käse (z. B. Gouda)

1 Rolle frischer Blätterteig (etwa 30 x 40 cm)

Mehl (für die Arbeitsfläche)

ZUBEREITUNGSZEIT: 30 MINUTEN
GARZEIT: 15 MINUTEN (MOHN) / 12 MINUTEN (KÄSE)

# Register

**A**pfelstrudel 112
Apfeltörtchen 116

**B**ärlauchsuppe 10
Bauernbratlinge 170
Belegte Brote mit Entenbrust und Äpfeln 160
Berner Hacktäschli 162
Bier-Zwiebel-Suppe mit überbackenen
   Käsebroten 88
Blätterteigpastete mit Lachs und Erbsen 22
Blätterteigtaschen mit Hackfleischfüllung 174
Blattsalat mit Trauben und Käse 56
Bratäpfel mit Nussfüllung 154
Buchteln mit Portweinquitten 115
Bunter Spargelsalat mit Ei 18

**C**rème brûlée 155
Cremige Maissuppe 128

**D**icke-Bohnen-Salat mit Radieschen 48

**E**iersalat mit Pilzen in Eierschalen 167
Eisbergsalat mit Erdbeeren und Schafskäse 52
Erbsensuppe mit Gemüsechips 54
Erdbeersorbet 76

**F**eldsalat mit Hähnchenbrust, Orangenfilets und
   Champignons 17
Fischeintopf mit Frühlingsgemüse 20
Flammenkuchen mit Speck und Zwiebeln 163
Fleisch-Gemüse-Spieße mit Bauernsalat 62
Fleischpastete mit Nüssen 141
Frischkäse mit Kräutern 16

**G**änsekeulen mit Kartoffelknödeln und Apfel-
   Pflaumen-Sauce 142

Gebackener Kürbis 90
Gebratene Forellen mit Trauben-Mandel-Sauce 59
Gebratener Hecht mit Pflaumen 94
Gefüllte Hähnchenschnitzel mit Bärlauchcreme 37
Gefüllte Wachteln auf Kohl 108
Gefüllter Schweinerollbraten mit Kräutern und
   Bratkartoffeln 30
Gefülltes Perlhuhn mit Kartoffeln 109
Gegrillte Lachsspieße auf grünen Bohnen 58
Gemüsebratlinge mit Nüssen und Bärlauchcreme 14
Germkücherl mit Sauerkraut und Speck 126
Geschmorte Entenkeulen mit Trockenpflaumen und
   Äpfeln 106
Glasierte Esskastanien mit Moosbeeren und
   Thymian 92
Grillspieß vom Rind mit grünem Spargel 71
Gurken-Brot-Salat 46

**H**ackbraten im Wirsingmantel 132
Hackbraten mit Kräutern 36
Hähnchen in Rotwein 145
Handkäse mit Musik und Radieschenquark 50
Hefekringel 40
Herbstlicher Blattsalat mit Pilzen und Käse 93
Himbeertörtchen 79
Hirschrücken mit Kastaniensauce 98
Holunderauflauf 78
Holunderküchlein 41
Honigkuchen 152

**K**aiserschmarren 148
Kalbshaxe mit Gemüse 31
Kalbsleber im Speckmantel mit Grillgemüse 70
Kalbsrollbraten mit Graupenrisotto 102
Kaninchenrücken mit Spargel und Kartoffeln 28
Kartoffelsalat mit Radieschen und Weißwurst 164

Käsebaguette mit Rhabarberchutney  168
Käsekuchen mit Sauerkirschen  80
Kohleintopf mit Wildschweinwurst  100
Kohlsalat mit Äpfeln, Orangen und Nüssen  122
Krapfen mit Puderzucker  176
Kressequark  166
Kürbiscremesuppe  84

**L**achs-Spinat-Rouladen mit Weißweinsauce  175
Lammkeule mit Knoblauch  34

**M**andelstollen  156

**N**uss-Nudel-Salat oder Erbsen-Nudel-Salat  51

**O**chsenschwanzsuppe mit Perlgraupen  129

**P**fefferfilet vom Rind mit Paprika und Rauke  72
Pflaumenkuchen  118
Pochierte Birnen  114

**R**ehrücken mit Moosbeeren-Blaukraut  101
Rhabarber-Sahne-Torte  38
Rinderrouladen mit Nussfüllung  133
Rinderschmorbraten mit Glühweinsauce  136
Rindfleischeintopf mit Kräuterknödeln  130
Rötel mit Weißwein-Kräuter-Sauce  24

**S**chinkenbraten mit Rosenkohl  140
Schoko-Schweinsöhrchen  150
Schwammerlknödel  89
Schweinebraten mit Kräuterbouquet  66
Schweinefilet im Blätterteig mit Pilzen  96
Schweinekrustenbraten mit Semmelknödeln  32
Schweinenackensteaks mit Honigmarinade  65

Schweinerollbraten mit Nussfüllung  138
Spargel-Räucherlachs-Terrine  21
Spargel-Spinat-Salat mit Champignons und Kirschtomaten  12
Süße und pikante Schnecken  179

**T**afelspitz mit Spitzkohl, Birnen und Schupfnudeln  104

**Ü**berbackene Schweinemedaillons mit Speck  64

**V**ier Salate mit Roter Bete, Karotten, Erbsen oder Rotkohl  86

**W**aldmeister-Apfel-Sorbet mit Apfelwein  42
Wiener Schnitzel mit Kartoffel-Feldsalat  68
Wildente auf Herbstgemüse  144
Windbeutel mit Sahne und Stachelbeeren  178
Wintercaprese – Mozzarella mit Roter Bete  124
Wurstsalat mit Zwiebeln  55
Wurzelgemüse mit Honig und Thymian  125

**Z**iegenfrischkäse und Kressequark  166

# *Bildnachweis*

Die Fotografien wurden von der StockFood GmbH zur Verfügung gestellt mit Genehmigung von:

ACP Magazines Ltd. 145 – Anton, Serge 47 u. – Arras, K 17, 79 – BBS 36, 67, 93, 140, 141, 178 – Bender, Uwe 5, 133 – Bischof, Harry 41, 50 – Blavarg, Susanna AB 58 – Brachat, Oliver 15, 37, 47, 149, 153, 175 – Brettschneider, Jan C. 165 – Casper-Zielonka, Susanne 173 u. – Cazals, Jean 49 – Cimbal, Walter 157 – Deimling-Ostrinsky, Achim 27 u. – Eising Studio - Food Photo & Video 7, 8, 20, 25, 33, 55, 61 u., 64, 81, 99, 101, 103, 105, 127, 132, 137, 143, 144, 151, 163, 166, 174, Umschlag hinten l. und M.– Ellert, L. 70 – Feig/Feig 120 – Finley, Marc O. 13, 26, 40 – Firmston, Victoria 114 – food art factory 115 – Foodcollection GesmbH 75 o. l., 75 u., 82, 111 o. l., 113, 135 u., 146, 147 o., 161 – Great Stock! 73, 117, 124, 125, 128, 129 – Heinze, Winfried 27 o. l. – Ida, Akiko 108 – Johner Bildbyra AB 134 – Johner royalty-free 60, 75 o. r. – Keller & Keller Photography 51 – Koeb, Ulrike 177 – La Food - Thomas Dhellemmes 30, 35 – Leoni, Ira 155 – Löscher, Sabine 61 o. l., 111 o. r. – Lutterbeck, Barbara 88, 92, 123 – Meier, Chris 111 u. – Newedel, Karl 11, 19, 29, 39, 77, 78, 162, 169, 171, Umschlag hinten r. – Oftedal, Petter 21 – Rua Castilho 23, 31, 53, 57, 59, 65, 87, 95, 97, 107, 119, 167 – Schardt, Wolfgang 109, 110, 139, Cover – Schindler, Martina 27 o. r., 135 o. l., 135 o. r. – Smend, Maja 85 – Sporrer/Skowronek 54 – Stockfood 44 – Stowell, Roger 61 o. r. – Strauss, F. 172 – Studio Lipov 10, 179 – Teubner Foodfoto Gmbh 63, 89 – Thurmann, Stefan 16 – Visions B.V. 74, 173 o. – Wegner, Brigitte 158 – Westermann, Jan-Peter 43, 69, 71 – Wieder, Frank 154 – Winfield, Clare 91 – Winter, Tim 131

# In gleicher Reihe erschienen ...

ISBN 978-3-86244-041-2

Verwöhnen Sie Familie und Gäste mit den besten Landfrauen-Kuchen und neuen Klassikern, bei denen erntefrische Sommerfrüchte die Hauptrolle spielen!

ISBN 978-3-86244-042-9

Die schönsten Sommerideen aus der Landküche zum Schlemmen und Genießen, fürs Grillfest, die Gartenparty oder ein Picknick im Grünen.

ISBN 978-3-86244-074-0

Mit hausgemachten Delikasen aus der Landküche beten Sie nicht nur sich selbs sondern auch Gästen lang Freude.

ISBN 978-3-86244-073-3

Im Winter haben deftige Gerichte Hochsaison. Die Landküche präsentiert winterliche Genüsse, die einem das Wasser im Mund zusammen laufen lassen.

ISBN 978-3-86244-124-2

Hier spielt Gemüse nicht die Nebenrolle, sondern wird zum Hauptdarsteller: 100 Gemüserezepte durch alle Jahreszeiten mit frischen Produkten vom Land.

www.christian-verlag.de